丛书主编　田家富

全国高等会计职业教育系列规划教材

出纳实务

主　编　李　平　周　军
副主编　吕均刚　刘　姝

图书在版编目(CIP)数据

出纳实务/李平,周军主编. —武汉:武汉大学出版社,2011.8(2013.12 重印)
全国高等会计职业教育系列规划教材/田家富主编
ISBN 978-7-307-08748-4

Ⅰ.出… Ⅱ.①李… ②周… Ⅲ.现金出纳管理—高等职业教育—教材 Ⅳ.F830.45

中国版本图书馆 CIP 数据核字(2011)第 084322 号

责任编辑:柴 艺 王 帆 责任校对:黄添生 版式设计:马 佳

出版发行:**武汉大学出版社** (430072 武昌 珞珈山)
(电子邮件:cbs22@whu.edu.cn 网址:www.wdp.com.cn)
印刷:荆州市鸿盛印务有限公司
开本:787×1092 1/16 印张:8.25 字数:190 千字 插页:1
版次:2011 年 8 月第 1 版 2013 年 12 月第 2 次印刷
ISBN 978-7-307-08748-4/F · 1525 定价:16.00 元

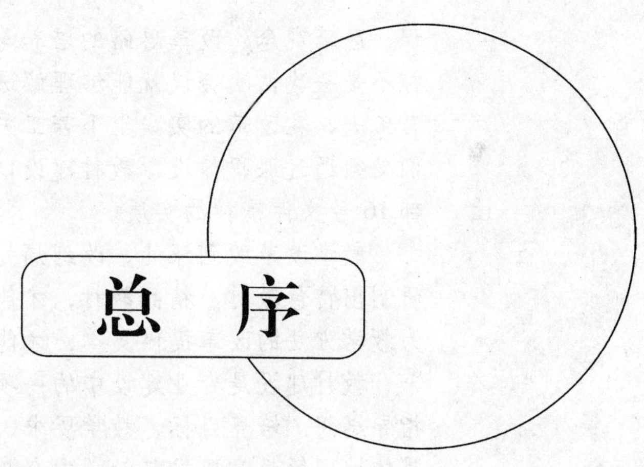

总 序

我国高等职业教育经过十年的发展，取得了举世瞩目的成就。特别是经过三年的示范建设，我们在校企合作、工学结合、人才培养模式改革、师资队伍建设、课程建设、教材建设等方面取得了一定的成绩，但也存在一些不尽如人意的地方。作为高职战线的一线工作者，我们一直在实践，一直在思考，一直在探索。

高职教育发展到今天，必须进行改革，这是大家的共识，改革的路径怎么选择？就是按照教育部2006年16号文件《关于全面提高高等职业教育教学质量的若干意见》(以下简称教育部16号文件)的精神和高职教育“十二五”发展规划的要求进行。但怎么改？只有靠我们一线从事高职教育的老师去实践，去探索，不能人云亦云，不能断章取义，不能望文生义，不能浅尝辄止，更不能玩花架子。我们要把老师的心思真正用在教学改革上，要把老师的时间、精力真正用在教学改革上。改革不可能一蹴而就，改革是要付出代价的，改革是要有点精神的！

教学改革的依据是什么？我个人认为，我们必须充分考虑以下四个问题：一是高等教育大众化的背景；二是教学对象的实际(现有认知结构)；三是产业结构的调整与发展；四是科学技术的发展，在教育上就是现代教育技术手段的应用。只有将这四个问题研究透了，分析透了，我们的教学改革才能落到实处，才能有成效。

教学改革的目标是什么？提高教学质量！我们一切工作的出发点和落脚点就是提高教学质量，这是永恒的主题！提高教学质量的关键是教师。换句话说，改革的意识、改革的观念、改革的思路必须在一线的教师中真正生根发芽，必须由一线的教师认真地加以实践，只有这样改革才能成功。不依靠一线教师而进行的改革，是形式主义，是空中楼阁。由此看出，对一线教师改革意识、改革观念、改革思路的培养与提高就显得非常重要。教育部16号文件精神不是一次两次会议就能够理解透彻的。我们必须在理解文件精神的实质上下苦工夫，在改革的实践上下苦工夫，在改革的系统工程上下苦工夫。因此，我们必须通过课程建设、教材建设以及其他平台，让教师在实践中深刻理解教育部16号文件精神的实质。

教学改革改到深处，改到痛处，是课程改革，是教材改革。我们只有真正研制出特色教材、精品教材，才能为人才培养模式改革与创新提供支撑，才能为教学方法的改革提供支撑，才能为精品课堂提供支撑。

教材建设是专业建设中的一项基本建设，我们必须高度重视。教材是教学指导思想、培养目标、教学要求、教学内容的具体体现。教师通过教材全面、具体地理解教学要求与教学内容，以它为依据进行讲授并组织教学活动。学生以它为依据进行学习，通过教材掌握规定的知识和技能。实践证明，选一本好教材对提高教学质量至关重要。我们现在搞的课程建设与改革或者说精品课程建设，最终还是体现在教材建设上。同时，教材建设也是把精品课程转化为精品课堂的关键环节。

教材是什么？这个问题似乎有点老套！但最近对教材的讨论和争议比较多，有不同的观点！"教材是道具"这是我个人的观点。道具好一些，精一些，演出效果会好一些，这是毋庸置疑的。教师上课依纲据本固然没错，但我认为要是把教材看成是死板的、没有生命力的、单纯为完成教学目标而使用的一种介质就有问题了。著名的教育家叶圣陶老先生曾经说过："教材无非是个例子。"作为教师是用教材教，而不是教教材。我们一定要注意这个问题。从这个角度讲，教材一定要经典，不是花里胡哨，不是加这个，加那个，搞得五花八门。

高职高专教材建设的现状令我们不是很满意。纵观我国高职教育十年的发展，配套教材可以说是百花齐放，五花八门，既涌现了一批优秀的、有特色的教材，也出现了一批粗制滥造、滥竽充数的教材。具体存在以下问题：

1. 功利性太强，作者队伍参差不齐。最大的功利性表现在纯粹是为了评职称而参加教材的编写。有些作者对教育部16号文件精神和高职教育改革的最新理论成果一知半解，生搬硬套，贴标签；还有些作者对一些基本概念、基本知识和基本技能把握不准。这反映了高职教育十年的快速发展，导致师资队伍不能满足高职发展和改革的需要。

2. 教材版本一是多，二是乱，不成体系，不配套，导致我们无法选出顺手的、满意的教材。近年来，我们选用教材换了多种版本，总是看起来花哨，但是错误和漏洞百出。有的是教材没有配套的习题和技能训练，有的虽有习题和技能训练，但与教材内容又不配套，让我们非常苦恼。导致这个现状的原因主要有两个：一是出版社的问题，对一套教材的编写缺乏规划，缺乏专业编辑，缺乏科学的组织，缺乏资金的投入。二是学校的问题，缺乏对教师参加教材编写的统筹、组织与协调。教师参加教材的编写基本上停留在个人行为上，甚至出现大量的作者只参加教材的编写、学校不使用教材的现象。这样是不可能写出高质量的教材的。

3. 教师参加教材编写的积极性不高或者积极性没有得到充分发挥。一是虽然职称评审需要编写教材，但不是考核的主要指标。现在对高职教师职称的评审主要关注教师的企业工作经历和课程建设情况，但没有教材编写也不行。因此，有些老师不愿意在教材编写上下太大的工夫，不愿意投入时间和精力。二是作者的劳动报酬与投入的时间、精力不匹配，觉得不划算。一本高质量的教材，往往需要作者或者一个教学团队数年甚至数十年的努力和积累，才能够研制出来。

4. 片面理解"教学做一体化"。教育部16号文件明确指出"改革教学方法和手段，融'教、学、做'为一体，强化学生能力的培养"。结果，有些地方、有些老师对这句话进行了片面理解，有的甚至认为将习题与技能训练放在教材每章的后面就是教学做一体化了，甚至认为在人才培养方案中将实训课程单独列出来没有体现教学做一体化！这样，一方面人才培养方案不伦不类，另一方面教材不伦不类，弱化了学生的训练次数，严重降低了教学质量。

"融'教、学、做'为一体"，应该有多方面的理解。一是在人才培养方案中怎么体现？二是在课程中怎么体现？三是在教材中怎么体现？四是在教学方法上怎么体现？五是在教学模式上怎么体现？六是在教学组织形式上怎么体现？七是在不同的专业上应该怎么体现？

在高职会计专业教材建设中，我们必须以会计专业的人才培养目标为依据。高职会计专业的培养目标是：以各类中小企业及其他经济组织会计岗位(群)的任职能力要求为目标，培养德、智、体、美、劳全面发展，掌握会计专业基本知识和职业技能，具备良好职业道德和操作规范、严谨细致的会计职业素养，在校期间取得会计从业资格证书，毕业后能够采用手工或者利用电子计算机技术从事中小企业的出纳岗位工作、会计核算岗位工作、财务管理岗位工作、涉税业务处理岗位工作和会计监督岗位工作，并具有可持续发展能力的高素质技能型人才。这个目标始终是纲，不能动摇，不能降低！降低了就不是会计专业了，就变成"收银员"培训班了。如果这样，放在培训机构就可以了，就不需要学校教育了。

我个人认为在高职会计专业教材建设中，以下几个问题必须认真抓好：

1. 按照工作过程系统化来开发课程和研制教材。第一，职业特征的课程或教材都来源于工作过程。知识来源于实践，人类知识是在长期的实践中不断总结的成果。第二，系统化就是一个加工过程，用时髦的话讲就是将行动领域转化为学习领域的过程。这个系统化的方法选择太重要了！以前，我们的课程和教材也是一种系统化，决不能说这种系统化的方法不科学，只是这种方法适合于抽象思维能力强的人群，而相对于高等教育大众化后抽象思维能力弱的高职学生来讲，这个系统化的方法要重新选择。这就是我们课程改革、教材改革的重点和难点。第三，会计工作过程系统化的重点和难点在哪里？在会计核算基本技术这门课程上！实际上，我们以前的财务会计、财务管理、审计、出纳业务、会计信息化等课程就是按照工作过程进行系统化设计的，或者说是按照岗位来设计的。我们没有必要把前人的经验全部推翻！

2. 校企合作共同开发教材。在教材的研制过程中，我们坚持“从实践中来，到实践中去”，就必须依靠行业、企业专家。只有这样，我们的教材内容、所采用的实训素材才能真正来源于社会实际生活，才能与社会实际生活相符。在此基础上，我们再进行提炼，做到来源于生活但又高于生活，从而达到理论和实践的完美结合。

3. 必须与行业标准和职业资格接轨。会计的行业标准，就是财政部制定的标准，不管怎么改革，我们必须围绕这个标准来做，否则，就是瞎折腾！

研制出一套能全面准确地阐述和把握会计专业最新的发展动态和理论成果，充分吸收本专业国内外前沿研究成果，科学系统地归纳知识点的相互联系与发展规律，反映高职学生的心理特点和认知规律的会计系列教材，是我们广大会计教育工作者义不容辞的责任和义务。基于此，2010 年 12 月底，在武汉大学出版社和襄樊职业技术学院经济管理学院的大力支持下，我们组织了全国 34 所高职院校和部分本科院校的会计系主任、会计教研室主任和会计专业教师 60 多人，齐聚湖北襄阳，从讨论会计专业课程标准入手，共商编写一套体系完整、内容翔实、特色鲜明、质量上乘的会计系列教材。经过无数次的讨论、碰撞与磨合，我们取得了共识，并开始着手教材的编写工作。这些教材是老师们几十年教学经验的积累，是长期致力于教学改革的成果。有的课程是国家级精品课程，有的是教育部教指委精品课程，有的是省级精品课程，有的是院级精品课程。这次出版可共享教学改革的成果，同时也起到抛砖引玉的作用，希望后人能够不断创新，研制出更好的会计教材。

尽管我们在编写这套系列教材过程中进行了不懈的探索，付出了艰辛的劳动，并取得了一定的成果，但我们深感做得还很不够，需要我们改革的地方，需要我们突破的地方，需要我们创新的地方还很多，任重道远。加之时间仓促以及认识水平上的差异，这套系列教材不可避免地存在一些缺点和不足，我们恳请广大读者和同行不吝赐教。

一套精品教材，必须经过多次磨合、反复修改，才能逐步完善。路漫漫其修远兮，吾将上下而求索。在下一次修订出版时，我们会做得更好！

田家富

教育部高职高专工商管理教指委财务会计分委会委员

会计核算基本技术国家级精品课程负责人

国家级精品课程评审专家

湖北省高职学会财经教学组副组长

襄樊职业技术学院经济管理学院教授、院长

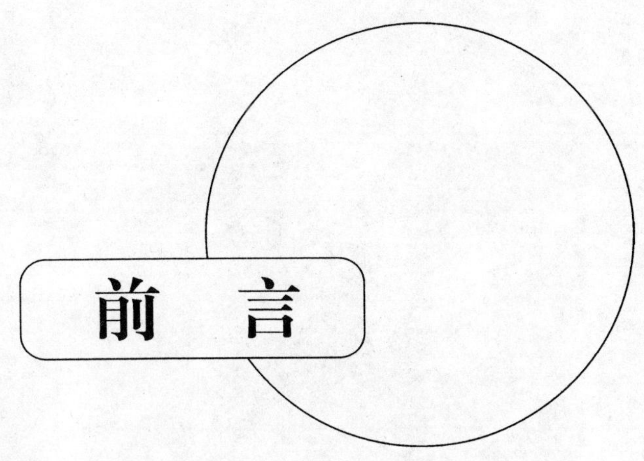

前 言

本书以出纳岗位职责为主线，系统地介绍了出纳人员必备的岗位知识、岗位技能和操作程序。全书内容由六个学习情境组成：出纳须知、出纳基本技能、现金业务、银行业务、外币业务、出纳岗位实训。本书结构严密、目标明确、针对性强，可作为高职高专院校会计专业及相关专业的教材，也可作为从事财经类相关工作人员的自学用书，特别适合刚刚从事出纳工作的新手作为业务指导手册。

在编写过程中，本书突出了以下特点：

1. 按照出纳的工作流程，将理论和实践紧密结合，以学生为主体，充分考虑其已有的知识、技能、经验与兴趣，内容安排上融“教、学、做”于一体，易教、易懂、易学。

2. 配以适当的同步实训——做中学实训，使学生得以熟练运用相关知识准确地完成各项任务，将专业的理论知识转化为职业技能。

3. 本书对传统的会计教材进行了解构，将出纳岗位知识与技能分离出来进行重构，以出纳岗位为主线，重点介绍了出纳人员必须掌握的知识和技能，使学生对出纳岗位和会计岗位有更明晰的认识和理解。

本书由李平任第一主编，周军任第二主编，吕均刚、刘姝任副主编。具体分工如下：学习情境一由李平编写，学习情境二和学习情境四由刘姝编写，学习情境三由周军编写，学习情境五由黄菊先编写；学习情境六由吕均刚编写。

全书由李平负责拟订编写大纲、统稿、总纂并定稿。

由于作者水平有限，书中缺点和疏漏之处，敬请读者批评指正。

编 者

2011 年 5 月

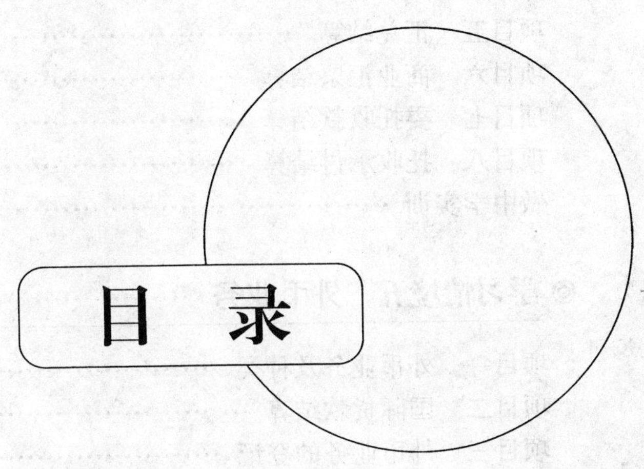

目 录

学习情境一
出纳须知

◎ 学习目标

1. 了解出纳及其岗位的设置与分工；
2. 熟知出纳的工作职责和工作原则；
3. 熟知出纳工作内容；
4. 区分并理解出纳与会计的联系与区别。

项目一　出纳及其岗位

任务一　了解出纳

出纳一词有两层含义：一是出纳工作，二是出纳人员。出纳是会计工作的一个岗位，从事出纳工作的会计人员称为出纳员。顾名思义，“出”即支出，“纳”即收入。这两个字合二为一就非常准确地表明了出纳工作的核心要义，即货币资金的收入与支出。

出纳工作是指出纳人员根据国家的有关法律、制度和规定，对货币资金、票据、有价证券进行管理的一项工作。具体地讲，出纳工作是出纳人员按照有关规定和制度，办理本单位的现金收付、银行结算，保管库存现金、有价证券、财务印章及有关票据等工作的总称。从广义上讲，票据、货币资金和有价证券的收付、保管都属于出纳工作；从狭义上讲，出纳工作则仅指单位会计部门专设的出纳岗位或人员所做的各项工作。

出纳人员是指从事出纳工作的会计人员。从广义上讲，出纳人员既包括会计部门的出纳工作人员，也包括业务部门的各类收款员(收银员)、工资发放员(专职或兼职)等；从狭义上讲，出纳人员仅指单位会计部门从事资金收付工作的出纳人员。一般情况下所称的出纳人员指的是狭义的出纳人员。

任务二　熟知出纳岗位

一、出纳工作岗位的设置

各个企业的实际情况不同，出纳工作的组织内容也不尽相同，但无论哪一种形式，任何企业都要设置出纳机构，配备出纳人员，并建立出纳岗位工作制度。《会计法》第三十六条第1款规定：“各单位应当根据会计业务的需要，设置会计机构，或者在有关机构中设置会计人员并指定会计主管人员；不具备条件的，应当委托经批准设立从事会计代理记账业务的中介机构代理记账。”《会计法》对各单位会计、出纳机构与人员的设置并没有硬性规定，而是让企业根据自身情况和实际需要来设定。因此，企业应结合自身经济活动的规模、特点、业务量的大小等来考虑会计机构的设置和会计及出纳人员的配置。以工业企业为例，大型企业可在财务处下设出纳科；中型企业可在财务科下设出纳室；小型企业可在财务部门下配备专职出纳员。有些公司为了有效管理资金，把若干分公司的出纳业务（或部分出纳业务）集中起来办理，成立专门的内部"结算中心"。这种"结算中心"，实际上也是出纳机构。

二、出纳人员的配备与分工

一般来讲，实行独立核算的企业单位，在银行开户的行政、事业单位，有经常性现金收入和支出业务的企业、行政事业单位都应配备专职或兼职出纳人员，担任本单位的出纳工作。出纳人员配备的多少，主要取决于本单位出纳业务量的大小和繁简程度，要以业务需要为原则，既要满足出纳工作量的需要，又要避免人浮于事的现象。通常可按现金与银行存款，银行存款的不同户头，票据与有价证券的办理等工作性质上的差异进行分工。一般对规模不大的单位，出纳工作量不大，可设专职出纳员一名，实行一人一岗；对规模较小的单位，出纳工作量小，至少要在有关机构中（如单位的办公室、后勤部门等）配备兼职出纳员一名，但出纳不得兼管收入、费用、债权、债务账目的登记工作及稽核工作和会计档案保管工作；对规模较大的单位，出纳工作量较大，可分设现金出纳员和银行结算出纳员，实行一岗多人。

专家提示：出纳工作的回避要求

由于出纳工作的特殊性，特定人员需要回避。《会计基础工作规范》第十六条规定，国家机关、国有企业、事业单位任用会计人员应当实行回避制度。单位领导人的直系亲属不得担任本单位的会计机构负责人、会计主管人员。会计机构负责人、会计主管人员的直系亲属不得在本单位会计机构中担任出纳工作。需要回避的直系亲属为：夫妻关系、直系血亲关系、三代以内旁系血亲以及配偶关系。

项目二 出纳工作职责及原则

任务一 熟知出纳职责

出纳是会计工作的重要岗位，涉及现金收付、银行结算等活动，这些直接关系到职工个人、单位乃至国家的经济利益，因此，明确出纳人员的职责和权限，是做好出纳工作的必要条件。根据《会计法》、《会计基础工作规范》等财会法规，出纳员应承担以下职责：

(1)按照国家有关现金管理和银行结算制度的规定，办理现金收付和银行结算业务。出纳员应严格遵守现金开支范围，非现金结算范围内的开支不得用现金收付；遵守库存现金限额，超限额的现金按规定及时送存银行；现金管理要做到日清月结，账面余额与库存现金每日下班前应核对，发现问题，及时查对；银行存款账单与银行对账单也要及时核对，如有不符，应立即通知银行调整。

(2)根据会计制度的规定，在办理现金和银行存款收付业务时，要严格审核有关原始凭证，再据以编制收付款凭证，然后根据编制的收付款凭证逐笔顺序登记现金日记账和银行存款日记账，并结出余额。

(3)按照国家外汇管理和结汇、购汇制度的规定及有关批件，办理外汇出纳业务。外汇出纳业务是政策性很强的工作，出纳人员应熟悉国家外汇管理制度，及时办理结汇、购汇、付汇，避免国家外汇损失。

(4)掌握银行存款余额，不准签发空头支票，不准出租出借银行账户为其他单位办理结算。这是出纳员必须遵守的一条纪律。出纳员应严格支票和银行账户的使用和管理。

(5)保管库存现金和各种有价证券(如国库券、债券、股票等)，保证其安全与完整。要建立适合本单位情况的现金和有价证券保管责任制，如发生短缺，属于出纳员责任的要进行赔偿。

(6)保管有关印章、空白收据和空白支票。印章、空白票据的安全保管十分重要，在实际工作中，因丢失印章和空白票据给单位带来经济损失的不乏其例。对此，出纳员必须高度重视，建立严格的管理办法。通常，单位财务公章和出纳员名章要实行分管，交由出纳员保管的出纳印章要严格按规定用途使用，各种票据要办理领用和注销手续。

任务二　熟知出纳工作原则

出纳工作的基本原则主要是指内部牵制原则(钱账分管原则)。《会计法》第三十七条第1、2款规定:“会计机构内部应当建立稽核制度。出纳人员不得兼任稽核、会计档案保管和收入、支出、费用、债权债务账目的登记工作。”钱账分管原则是指凡涉及款项和财物收付、结算及登记的任何一项工作，必须由两人或两人以上分工办理，以起到相互制约作用。例如，现金和银行存款的支付，一般由会计主管负责审核、批准，出纳人员只负责付款，会计只负责记账；发放工资时，出纳只负责按编制的工资单，从银行提取现金和分发工资，会计只负责记账。实行钱账分管，主要是为了加强会计人员之间的相互制约、相互监督、相互核对，提高会计核算质量，防止工作误差和营私舞弊等行为。

出纳员是各单位专门从事货币资金收付业务的会计人员，根据复式记账原则，每发生一笔货币资金收付业务，必然引起收入、费用或债权、债务等账簿记录的变化，或者说每发生一笔货币资金收付业务都登记收入、费用或债权、债务等有关账簿，如果这些账簿登记工作都由出纳员办理，就会给贪污舞弊者以可乘之机。同样道理，如果稽核、内部档案保管工作由出纳员经管，也难以防止利用抽换单据、涂改记录等手段进行舞弊的行为，因此，钱账分管原则是出纳工作的一项重要原则，各单位都应建立健全这一制度，出纳只能承担日记账的登记。

项目三　出纳工作内容

在实际会计工作中，出纳人员的工作内容主要包括货币资金收支、货币资金核算、往来结算、工资核算等。

任务一 熟知货币资金收支与记录

出纳的货币资金业务工作主要包括两个方面：一是日常货币资金收支业务的办理；二是上述收支业务的账务登记。具体而言，本项工作内容主要包括以下六个方面：

一、做好现金收付

严格按照国家有关现金管理制度的规定，根据稽核人员审核签章的收付款凭证进行复核，办理款项收付。

二、做好银行存款的收付

严格按照银行《支付结算办法》的各项规定，按照审核无误的收入与支出凭证进行复核，办理银行存款的收付。

三、认真登记日记账，保证日清月结

根据已经办理完毕的收付款凭证，逐笔序时登记现金和银行存款日记账，并结出余额。要及时将银行存款的账面余额与银行存款对账单核对，保证账证、账账、账实相符。经常与银行传递来的对账单进行核对，月末要编制银行存款余额调节表，使账面余额与对账单上余额调节相符。对未达账款，要及时查询。要随时掌握银行存款余额，不准签发空头支票。

四、保管库存现金和有价证券

对现金和各种有价证券，要确保其安全和完整无缺。库存现金不得超过银行核定的限额，超过部分要及时存入银行。不得以"白条"充抵现金，更不得任意挪用现金。如果发现库存现金有短缺或盈余，应查明原因，根据情况分别处理。不得私下取走或补足现金，现金如有短缺，因自身原因造成的，要负赔偿责任。对于单位保险柜密码、开户账号及取款密码等，不得泄露，更不能任意转交他人。

五、保管有关印章，登记注销支票

出纳人员所管的印章必须妥善保管，严格按照规定用途使用。签发支票的各种印章，不得全部交由出纳一人保管。一般而言，单位财务专用章由财务主管保管。对空白收据和空白支票必须严格管理，专设登记簿登记，认真办理领用和注销手续。

六、复核收入凭证，办理销售结算

认真审查销售业务的有关凭证，严格按照销售合同和银行结算制度，及时办理销售款项的结算，催收销售货款。发生销售纠纷，货款被拒付时，要通知有关部门及时处理。

任务二 熟知往来结算

一、办理往来结算，建立清算制度

现金结算业务的内容，主要包括：企业与内部核算单位和职工之间的款项结算；企业与外部单位不能办理转账手续和个人之间的款项结算；低于结算起点的小额款项结算；根据规定可用于其他方面的结算。对购销业务以外的各种应付、暂收款项，要及时催收结算，应付、暂收款项，要抓紧清偿。对确实无法收回的应收账款和无法支付的应付账款，应查明原因，按照规定报经批准后处理。

二、管理企业的备用金

实行备用金制度的企业，要核定备用金定额，及时办理领用和报销手续，加强管理。对预借的差旅费，要督促及时办理报销手续，收回余额，不得拖欠，不准挪用。建立其他往来款项清算手续制度。对购销业务以外的暂收、暂付、应收、应付、备用金等债权债务及往来款项，要建立清算手续制度，加强管理，及时清算。

任务三 熟知工资发放

一、执行工资计划，监督工资使用

根据批准的工资计划，会同劳动人事部门，严格按照规定，掌握工资和奖金的支付，分析工资计划的执行情况。对于违反工资政策，滥发津贴、奖金的，要予以制止并向领导和有关部门报告。

二、审核工资单据，发放工资奖金

根据实有职工人数、工资等级和工资标准，审核工资奖金计算表，办理代扣款项(包括个人所得税、住房基金、劳保基金、失业保险金等)，计算实发工资。

三、负责工资核算，提供工资数据

按照工资总额的组成和支付工资的来源，进行明细核算。根据管理部门的要求，编制有关工资总额报表。

任务四 熟知货币资金监督

货币资金收支过程中会面临很多消极因素，为了保证货币资金收支的安全，必须对其实施有效的监督。出纳监督是依据国家有关的法律法规和企业的规章制度，在维护财经纪律、执行会计制度的工作权限内，坚决抵制不合法的收支和弄虚作假的行为。出纳在办理现金和银行存款各项业务时，要严格按照财经法规进行，违反规定的业务一律拒绝办理。要随时检查和监督财经纪律的执行情况，以保证出纳工作的合法性、合理性，保护单位的经济利益不受侵害。

项目四 出纳与会计的关系

会计与出纳都属于会计人员，在单位的财务工作中是一对职业搭档，两者之间既有紧密的联系，又有明显的区别，具体表现在：

一、会计与出纳各自的职责不同

在实际财会工作中，会计主要负责企业经济业务的核算，对企业发生的经济活动按照国家规定的方法和要求进行记录，为企业的经济管理和经营决策提供所需要的核算资料；出纳主要负责对企业的票据、货币资金以及有价证券等进行收付和保管等，按照《会计法》的要求，必须实行钱账分管，出纳人员不得兼管稽核和会计档案保管，不得负责收入、费用、债权债务等账目的登记工作。

二、会计与出纳既互相依赖又互相牵制

出纳、会计之间有着很强的依赖性。他们核算的依据是相同的，都是原始凭证和记账

凭证，这些作为记账凭据的会计凭证必在出纳、会计之间按照一定的顺序传递。他们相互利用对方的核算资料，共同完成会计任务，缺一不可。同时，他们之间又互相牵制与控制。出纳登记的现金日记账和银行存款日记账与会计登记的现金和银行存款总分类账，有金额上的等量关系。这样，出纳与会计两者之间就构成了互相牵制与控制的关系，两者之间必须互相核对保持一致。

三、出纳是一种账实兼管的工作，而会计主要管账

出纳工作，主要包括现金、银行存款和各种有价证券的收支与结存，以及现金、有价证券的保管和银行存款账户的管理。现金和有价证券放在出纳的保险柜中保管；银行存款，由出纳办理收支结算手续。出纳既要进行账务处理，又要进行现金、有价证券等实物的管理和银行存款收付业务，这一点和其他财会工作有着显著的区别。除了出纳，其他财会人员是管账不管钱、管账不管物的。

对出纳工作的这种分工，并不违背财务“钱账分管”的原则，这是由于出纳登记库存现金日记账、银行存款日记账等是一种特殊的明细账。总账会计还要设置“库存现金”、“银行存款”等相应的总分类账对出纳保管和核算的现金、银行存款、有价证券等进行总金额的控制。

四、出纳直接参与经济活动过程，而会计间接参与经济活动过程

货物的购进与销售，必须经过两个过程，一个是货物的移交，另一个是货款的结算。其中货款的结算，即货物价款的收入与支付就必须通过出纳工作来完成。往来款项的收付、各种有价证券的经营以及其他金融业务的办理，更是离不开出纳人员的参与。这也是出纳工作的一个显著特点。而会计一般不直接参与经济活动过程，只对已发生的经济活动进行反映和监督。

学习情境二
出纳基本技能

◎ 学习目标

1. 熟知货币知识；
2. 掌握货币真假识别方法；
3. 掌握点钞的基本方法与要领。

项目一 货币基础知识

任务一 了解人民币

人民币的特征主要有：

印制人民币的纸张是特制的纸张，一般叫做钞票用纸。这种纸张主要具有以下一些特征：(1)纸的质地高超。(2)无荧光反应。(3)水印。(4)安全线。

印制人民币的油墨是特制的油墨，与市场上卖的普通油墨有很大不同。在人民币上使用的防伪油墨，大体有凹印油墨、荧光油墨、磁性油墨三种。

人民币票面的设计，采用民族特色图案衬托主景，花符对称，正背面对应，阴阳光线分明，在不同部位上或凹印或凸印、平印，错落有致，多种防伪措施和标志布局的方法，以及名人手写银行行名，使伪造者难以一一仿效。

人民币的印刷制版，采用了先进的机器雕刻与手工雕刻相结合的技术。

人民币印刷采用多色接线技术。票面底纹彩虹印刷技术。人民币的正背面采用对印技术。

任务二 熟知人民币

中国人民银行成立至今共发行了五套人民币，有纸币也有金属币，每套人民币的设计都体现了各个时期的社会发展和民族风格。第一套、第二套和第三套人民币现已停止在市面上流通。目前，我国正在流通的是第四套和第五套人民币，其中第五套人民币从1999年10月1日起陆续发行，共有100元、50元、20元、10元、5元、1元纸币和5角、1角硬币八种面额。2005年8月31日，在对1999年版第五套人民币的生产工艺、技术进行了改进和提高后，又陆续发行了2005年版第五套人民币，因此，现行流通的第五套人民币有两个版别：1999年版和2005年版。

每一版本的人民币都有一套防伪特征，现主要以最新发行的2005年版第五套人民币为例介绍人民币的防伪特征。

一、2005 年版 100 元、50 元人民币的防伪特征

2005 年版 100 元、50 元人民币的防伪标志共有 11 处，它们分别是：

(1)固定人像水印：票面正面左侧空白处，仰光透视，可见与主景人像相同，立体感很强的毛泽东头像水印。

(2)全息磁性开窗安全线：位于票面中间偏左，上下贯通，开窗部分可以看到由微缩字符“￥100(100 元人民币)”、“￥50(50 元人民币)”组成的全息图案，仪器检测有磁性。

(3)手工雕刻头像：票面正面主景毛泽东头像，采用手工雕刻凹版工艺，形象传神、凹凸感强，易于识别。

(4)胶印微缩文字：票面正面上方椭圆形图案中，多处印有微缩文字，在放大镜下可看到“RMB100”(100 元人民币)、“RMB50”(50 元人民币)字样。

(5)光变油墨面额数字：票面正面左下角“100”(100 元人民币)、“50”(50 元人民币)字样，以垂直角度观察为绿色，倾斜一定角度则变为蓝色。

(6)阴阳互补对印图案：票面正面主景图案左侧中部和背面主景图案右侧中部均有一圆形局部图案，正面和背面的图案合并组成一个完整的古钱币图案。

(7)雕刻凹版印刷：票面正面主景毛泽东头像、中国人民银行行名、面额数字、盲文及背面主景人民大会堂等均采用雕刻凹版技术，用手指触摸有明显的凹凸感。

(8)双色异形横号码：票面正面左下角印有双色异形横号码，左侧部分为暗红色，右侧部分为黑色。字符由中间向左右两边逐渐变小。

(9)隐形面额数字：票面正面右上方有一装饰性图案，将票面置于与眼睛接近平行的位置，面对光源做上下倾斜晃动，可以看到面额数字“100”(100 元人民币)、“50”(50 元人民币)字样。

(10)白水印：正面双色隐形横号码的下方，仰光透视，可以看到透光性很强的水印“100”(100 元人民币)、“50”(50 元人民币)字样。

(11)凹印手感线：正面主景图案右侧，有一组自上而下规则排列的线纹，采用雕刻凹版印刷工艺印制，用手指触摸有极强的凹凸感。

二、2005 年版 20 元、10 元、5 元人民币的防伪特征

2005 年版 20 元、10 元、5 元人民币的防伪特征有 10 项，少了光变油墨面额数字这一项。这里不再一一具体介绍。

三、2005 年版 1 角硬币的防伪特征

第五套人民币 1 角硬币材质由铝合金改为不锈钢，色泽为钢白色。其正背面图案、规格、外形与 1999 年版的第五套人民币 1 角硬币相同，即正面为“中国人民银行”、“1 角”和汉语拼音字母“YIJIAO”及年号，背面为兰花图案及中国人民银行的汉语拼音字母“ZHONGGUO RENMIN YINHANG”，直径为 19 毫米。

四、第五套人民币 2005 年版与 1999 年版的不同点

(一)调整防伪特征布局

这里专指 100 元、50 元人民币。正面左下角胶印对印图案调整到正面主景图案左侧中间处，光变油墨面额数字左移至原胶印对印图案处。背面右下角胶印对印图案调整到背

面主景图案右侧中间处。

（二）调整以下防伪特征

（1）隐形面额数字：调整隐形面额数字观察角度。正面右上方有一装饰性图案，将票面置于与眼睛接近平行的位置，面对光源做上下倾斜晃动，可以看到面额数字。

（2）全息磁性开窗安全线：将原磁性微缩文字安全线调整为全息磁性开窗安全线。背面中间偏右，有一条开窗安全线，开窗部分可以看到由微缩字符组成的全息图案，仪器检测有磁性。

（3）双色异形横号码（这里专指 100 元、50 元人民币）：取消原横竖双号码中的竖号码，将横号码改为双色异形横号码。正面左下角印有双色异形横号码，左侧部分为暗红色，右侧部分为黑色。字符由中间向左右两边逐渐变小。

（4）取消纸张中的红蓝彩色纤维。

（5）背面主景图案下方的面额数字后面，增加人民币单位"元"的汉语拼音"YUAN"；年号改为"2005 年"。

（三）增加以下防伪特征

（1）白水印：位于正面双色异形横号码下方，迎光透视，可以看到透光性很强的数字水印。

（2）凹印手感线：正面主景图案右侧，有一组自上而下规则排列的线纹，采用雕刻凹版印刷工艺印制，用手指触摸，有极强的凹凸感。

任务三　人民币的保护

人民币是中华人民共和国的法定货币，爱护人民币是每个公民的义务。使用人民币时应注意：

（1）收付人民币要平铺整理，不要乱揉、乱折；

（2）不得在人民币上乱涂、乱画、乱写和乱盖印记；

（3）出售油污、污染商品的收款人员，应把手擦干净再收款，以免弄脏人民币；

（4）防止化学药物对人民币的侵蚀，在生活中不要将肥皂、洗涤剂与人民币放在一起；

（5）用机具收付款时，应注意避免损伤人民币；

（6）不要在金属币上凿字、打眼，或锤击、折弯等，以免硬币变形和受损。

对不宜继续使用的残缺人民币要及时粘补，随时到银行营业部门办理兑换。兑换残缺票币时，要由持票人填写统一格式"残缺票币兑换单"，银行经办人员根据标准，仔细辨别真伪、券别、张数等，待共同确定可兑换的金额后，征得持票人的同意，当面在残缺票上加盖"全额"或"半额"戳记及两名经办人员名章后，给予兑换。对作废不能兑换的票币，银行原则上不退给持票人，如退票人不同意，可加盖"作废"戳记，再退还原主。

凡属下列情况之一的残缺（损伤）人民币，银行将不予兑换，即：票面残缺二分之一以上者；票面污损、熏焦、水湿、油浸、变色，不能辨别其真伪者；故意挖补、涂改、剪贴、拼凑、揭去一面者。所以出纳人员在收取现金时，如属这三种情况，应予拒收。

任务四　了解外币

外币指除本国货币以外的其他国家和地区发行的货币。对我国来说，人民币以外的货币均为外币，外币现钞就是由外国和地区发行的，经该国和该地区法律认可的纸币和铸币。

随着我国对外开放的逐步深入，我国越来越多的百姓有机会接触各种外币，个人外币业务在银行的比例也呈现出逐步增长的势头。出于鉴别外币和外币理财的需要，我们必须掌握外币的基本常识。现代纸币的票面设计，不仅体现了货币本身的各种特点，而且是反映一个国家文化技术发展水平的精美艺术。各国货币一般具有以下七个方面的内容：

(1)货币名称(单位货币)。世界各国货币名称大约有 50 多种。

(2)发行钞票的机构。目前世界上大多数国家和地区的货币由中央银行发行，如英国的钞票由英国的中央银行英格兰银行发行。也有的国家由政府的专门机构发行，如新加坡货币由新加坡货币局发行。还有的由经政府核准的银行发行，如香港特别行政区钞票是由香港特区政府核准的香港上海汇丰银行、香港渣打银行和中国银行发行的。发行机构名称通常在钞票正面的显著位置。

(3)货币券别(面值)。即货币票面的金额，它是该货币实际代表的价值量。世界上大多数国家的主币，一般从 1 元到 100 元居多，面额分别为 1、2、5、10、20、50、100 元。大小面值相差 100 倍，这是比较适当的，也有的国家大小面额相差 50、500、1 000 倍。

(4)货币版别。即同一面额的货币在票面图案设计、钞票印制特征、发行时间等方面的不同，也称版式的不同。不少国家的钞票均印有年版，有些还加了月、日，表示该钞票发行的年份和日期。

(5)序列号码。它表示某一种式样钞票的发行量。钞票的号码均采用固定的位数(如 6、7、8 和 10 位)，为了循环使用，有的在号码前后加印代表版数的数字和文字。如新版荷兰盾钞票上印有条形编码符号。

(6)签字和盖章。它表示发行钞票机构或该国政府对所发行的钞票，在法律地位的认可。签字一般为两个，也有一个或三个的。

(7)图案。为了美化票面，除上述各项内容外，各国钞票上还印有图案，如国家领导人和知名的历史人物肖像，代表性的建筑物、风景、动物图案和各式花纹等。

项目二　货币真假识别

随着市场经济的发展，一些不法分子从制造小面额人民币假钞，转向了制造大面额假钞。在制造技术上，从过去的手工描绘发展到今天的照相印版，多次套印、拓印、利用色彩复印件等手段，使假钞更加逼真，欺骗性更大。因此，我们应当具有识别真假钞票的常识，不断提高对钞票真伪的鉴别能力。

任务一　了解伪造币的基本特征

伪造币因仿制手段的不同而各具特点，现按其不同的仿制手段分述如下：

(1)手绘假钞。这是按照真币的样子临摹仿绘的，一般质量比较粗劣，但在过去是比较常见的一种假钞。它的特点是使用普通的胶版纸或书写纸，颜色则是一般的绘画颜料或广告色，看起来笔调粗细不匀，颜色和图纹与真币差异较大。这类假钞较易识别，但老人、小孩较易受骗。

(2)蜡印假钞。这是手工刻制蜡纸版油印的假钞。制作方法一般是在蜡纸上按照真币的样子刻制图纹蜡版，再以油墨黑白漏印在纸上，然后在图纹上着颜色。也有的是用彩色油墨，在蜡版上印刷。它的特点是由于刻制蜡版时手法有轻有重，使蜡版漏墨多少不一，结果颜色深浅不一，很不协调，漏墨过多的地方还易出现油浸现象。又因蜡纸比较柔软，印制中容易使图纹变形，所以，这类假钞较易识别。

(3)石印假钞。这是用石版和石印机印制的假钞。制作方法一般是在石板上手工或用机器雕刻制成印版，然后在小型机具上印制。这类假钞的质量虽比前述两类假钞好一些，但印制效果仍较粗劣。由于石版较硬，容易出现油墨外溢或油浸现象，并且因印版表面不平整，印出的图纹就会虚虚实实深浅不一，画面不协调。由于印版刻制不精确，套色印刷也不可能十分准确，从而出现重叠、错位、漏白等问题，对其识别也较容易。

(4)手刻凸版假钞。这是木质印版印制的假钞。这种假钞的制作方法是用木板作为基料，采取手工雕刻方法制成凸版的印版，在小型机具上印制的。它的特点也是质量粗劣。由于木板有天然的木质纹路，纹路与非纹路之处吃墨程度不一样，从而印出的图纹往往有深有浅，套色也不准确，存在重叠、错位等现象，也较易识别。

(5)拓印假钞。这是用真币拓印成的假钞。它的制作方法是，以真币为基础，用某种化学药品使真币上的图纹油墨脱离一部分拓印到另外的纸上而形成假钞。这种假钞又叫做拓印币，它的图案、花纹等和真币完全一样，无懈可击，但由于它只得到真币上的一部分油墨，所以墨色较浅，画面形态显得单薄。真币被拓印后也遭受到一定损坏，颜色变浅或图纹模糊不清，叫做被拓印币。被拓印币虽是真币形成的，但它的背后必定有拓印假币，因此更值得注意。

(6)复印合成假钞。这是利用黑白复印机制作的假钞。它的制作方法是先将真币在复印机上复印出其黑白图案花纹，再用彩色套印的方法合成钞票样的假钞。这种假钞的印制效果比前述各种假钞要精细些，但没有人民币的各种防伪特征，特别是在纸张、油墨等方面难以乱真，通过一定方法即可鉴别。

(7)机制假钞。这是利用特制的机器设备伪造的假钞。制作方法一般是用手工或机器雕刻制版，或利用照相、电子扫描分色制版，在中小型印刷机上印制。机制假钞又有机制胶印假钞和机制凹印假钞之分。这类假钞仿造的效果逼真，一次印制的数量也较多，易于扩散，危害较大。虽然它采用了较高级的设备和真币的个别印制技术，容易以假乱真，但它不可能使用人民币的全部防伪技术，还是存在着种种漏洞和伪造痕迹，通过一定的方法仍能鉴别。

(8)彩色复印假钞。这是利用彩色复印设备伪造的假钞。制作这种假钞，需要比较高级的彩色复印设备，是一般的伪造者无法解决的。彩色复印在图纹、图景方面容易做到逼真，但在纸张、油墨、凹印等方面与真币有明显区别，通过一定的仪器或高倍显微镜就可以看出破绽。

(9)照相假钞。这是利用真币照版制作的假钞。它的制作方法是把真币拍摄、冲洗成照片，经过剪贴制成的。这种假钞的纸张既厚又脆，易于折断，并且假钞表面有光泽，与真币截然不同，较易识别。

(10)剪贴假钞。这是剪贴真币图片制成的假钞。制作方法是将报纸、刊物或画册上印的人民币图片剪下来，正面和背面粘合起来即成。这种假钞与真币的差别很大，报刊图片的纸薄而软，画册图片的纸一般较厚而硬，并且币面的颜色和大小都不一样，容易识别。

任务二　熟知假钞的鉴别方法

目前通常采用"一看、二摸、三听、四测"的方法来识别人民币纸币的真伪。

一、看

(1)看水印：第五套人民币各券别纸币的固定水印位于各券别纸币票面正面左侧的空白处，迎光透视，可以看到立体感很强的水印。100 元、50 元纸币的固定水印为毛泽东头像图案。20 元、10 元、5 元纸币的固定水印为花卉图案。

(2)看安全线：第五套人民币纸币在各券别票面正面中间偏左，均有一条安全线。2005 年版纸币的安全线为全息磁性开窗式安全线，即安全线局部埋入纸张中，局部裸露在纸面上，开窗部分可以看到由微缩字符组成的全息图案，仪器检测有磁性。

(3)看光变油墨：人民币 100 元和 50 元纸币正面左下方的面额数字采用光变油墨印刷，将垂直观察的票面倾斜到一定角度时，100 元的面额数字由绿色变为红色，50 元的面额数字由金色变为绿色。

(4)看票面图案是否清晰，色彩是否鲜艳，对接图案是否可以对接上。

(5)用 5 倍以上放大镜观察票面，看图案线条、缩微文字是否清晰干净。

二、摸

(1)摸人像、盲文点、中国人民银行行名等处是否有凹凸感。

(2)摸纸币是否薄厚适中，挺括度好。

三、听

通过抖动钞票使其发出声响，根据声音来分辨人民币真伪。人民币的纸张，具有挺括、耐折、不易撕裂的特点。手持钞票用力抖动、手指轻弹或两手一张一弛轻轻对称拉动，能听到清脆响亮的声音。

四、测

借助一些简单的工具和专用的仪器来分辨人民币真伪。如借助放大镜可以观察票面线条清晰度，胶、凹印缩微文字等；用紫外灯光照射票面，可以观察钞票纸张和油墨的荧光反映；用磁性检测仪可以检测黑色横号码的磁性。

任务三　熟知假钞的处理

(1)单位的财会出纳人员，在收付现金时发现假币，应立即送交附近的银行鉴别。

(2)单位发现可疑币不能断定其真假时，发现单位不得随意加盖假币戳记和没收，应向持币人说明情况，开具临时收据，连同可疑币及时报送中国人民银行当地分支行鉴定。

经人民银行鉴定，确属假币时，按发现假币后的处理方法处理，如果确定不是假币时，应及时将钞票退还持币人。

(3)广大群众在日常生活中发现假币，应立即就近送交银行鉴定，并向公安机关和银行举报且提供有关详情，协助破案。

(4)银行收到假币时，应按规定予以没收，并当着顾客面在假币上加盖假币戳记印章，同时开具统一格式的“假人民币没收收据”给顾客，并将所收假币登记造册，妥善保管，定期上缴中国人民银行当地分支行。

(5)假币没收权属银行、公安和司法部门。其他单位和个人如果发现假币，按上述办法处理或按当地反假币法规所规定的办法办理。

任务四　熟知外币识别方法

一、外币国别的识别

各国货币票面文字不同，票面图案设计也不一样，如果单纯从图案上去识别，就容易混淆。比如，英镑、加拿大元、新西兰元等英联邦国家的货币上都印有英国女王“伊丽莎白二世”肖像，如果认为印有女王像的就是英镑，那就错了。也有一些国家的货币单位名称都相同，比如“元”，如果从货币名称上来确认货币国别，也容易搞错。

正确的做法是，看外币票面上所印发行机构的名称，某一个国家或某国的中央银行发行的钞票，就是该国流通的货币。显然，这需要有一定的外语知识。下面简单介绍美元、日元的国别识别方法。

美元钞票上印有发行机构“U. S. FEDEERAL RESERVE BANK”(美国联邦储备银行)的名称,而且钞票正、背面都印有国名“THE UNITED STATES OF AMERICA”(美利坚合众国)，钞票正面左侧还印有美国联邦储备银行的行徽。

日元钞票上印有发行机构“NIPPON BANK”(日本银行)的名称，钞票的正面还印有“日本银行券“字样。

二、外币面值的识别

钞票都印有面值，世界各国纸币大多数按面值大小决定票幅大小。随着面值的增加，票幅尺寸也增加，而且颜色与设计花样各不相同。这样的钞票就容易区分面值大小，欧洲和亚洲各国的钞票大多如此。

当然，也有不少例外。美洲的美国、加拿大、阿根廷等国钞票的面值大小偏偏与票幅尺寸无关，各种券类票幅尺寸是一致的，设计图案都属同一基调，稍不留神，就会搞错。因此，在鉴别这些国家钞票时，一定要注意查看钞票上印有的面额(由阿拉伯数字和大写数字组成)，防止“以小充大”造成经济损失。

三、外币版别的识别

世界各国货币版别繁多，有新版也有旧版，有些国家新旧版混合流通。货币换版的原因一般有四种：一是货币发生贬值，需要进行货币改革，同时发行新的钞票；二是货币钞票假钞太多，需要重新印刷钞票；三是钞票已流通多年，为了提高钞票印刷质量而发行新钞；四是国家政权发生更替，新政府发行新钞。

当新版钞票发行后，旧版钞票就被逐渐地回收，不同的国家有不同的回收规定。具体说，有以下几种情形：一是发行新钞后，并不宣布旧钞停止流通，而是回笼后不再投放，直至全部收回；二是发行新钞后，发行银行宣布旧钞停止流通，但有相当一段时间可以继续向该发行机构兑换；三是发行新钞后，旧钞停止流通，并很快作废。

由此可知，工作中可能遇到如下四种不同版别和流通情况的货币：第一种是新版货币；第二种是仍流通并可直接使用的旧版货币；第三种是已停止流通但仍有价值的旧版货币，在一定时期内可到发行机构兑换；第四种是已停止流通并失去法定价值的旧版货币。针对以上情况，正确的做法是：第一种和第二种货币是目前流通的货币，可以收兑使用；第三种钞票不能直接收兑，但可办理托收；第四种钞票不能收兑也不能办理托收。

专家提示：

为了准确无误地鉴别各种货币，你需要经常了解某种货币有哪些面额和式样，增发和停发了哪种面额和式样的钞票，停发的钞票从什么时候起退出流通领域，回笼的期限，失去法定价值的时间，等等，从而确定是否收进该种货币。钞票的变动信息来源于外国发行机构通知、我国银行机构海外联行的通知以及国外一些报刊的信息。

项目三　点钞技能

任务一　了解点钞的程序

出纳员在办理现金收付业务时，一般应按下列程序办理：

首先，应审查现金收、付款凭证及其所附原始凭证的内容，看其是否填写齐全、清楚，两者内容是否一致。

其次，依据现金收、付款凭证的金额，先点整数(即大数)，再点零数(即小数)，具体说就是先点大额票面金额，再点小额票面金额，结合先点成捆的(暂不拆捆)、成把或卷(卷指铸币)的(暂不拆把、卷)，再点零数。在点数过程中，一般应边点数，边在算盘或计算器上加计金额，点数完毕，算盘或计算器上的数字，和现金收、付款凭证上的金额应相同。

再次，从整数至零数，逐捆、逐把、逐卷地拆捆点数，在拆捆、拆把、拆卷时应暂时保存原有的封签、封条和封纸，点数无误后才可扔掉。

最后，点数无误后，即可办理具体的现金收存业务。

任务二　熟知点钞技术

出纳人员最经常、最大量的工作是从事现金的收入、付出和整点，因此，收付钞票的速度和准确率是本职工作的一项基本功。点钞方法主要有手工点钞和机器点钞两种。一般企事业单位使用的主要还是手工点钞方法。常见的手工点钞方法有：手持式单指单张点钞法、手持式单指多张点钞法、手持式四指拨动点钞法、手持式五指拨动点钞法、手按式单张点钞法、手按式双张点钞法等。现侧重介绍几种常用的手工点钞方法。

一、手持式点钞法

手持式点钞法可分为手持式单指单张点钞法、手持式单指多张点钞法、手持式四指拨动点钞法和手持式五指拨动点钞法4种。

(一)手持式单指单张点钞法

这种点钞法是最常用的一种，它的适用范围较广，可用于收款、付款和整点各种新旧大小钞票。使用此种点钞法，由于持票所占的票面小，能看到的票面大，看得清楚，容易发现假票，挑剔残破票也方便，优点很多，但是也有缺点，那就是一张记一个数，比较费力。操作方法可分为6个步骤：

第一步：拆小把。

拆小把有两种拆法，即初点拆小把和复点拆小把。

初点拆小把，是指钞票横执，正面朝向身体，持票时左手拇指在票前(即钞票正面)的左端中央，约占全票的1/4处，二指(即食指)和三指(即中指)在票后(即钞票背面)，与拇指捏住钞票，四指(即无名指)自然卷曲；捏起钞票后，四指和五指(即小指)伸向票前压住钞票的左下方，三指弯曲稍用力，与四指、五指卡紧钞票，二指伸直，拇指向上移动，按住钞票的侧面将钞票压成瓦形(左手心向下)；右手脱去钞票上的纸条，这时左手将钞票往桌上轻轻一掠(从桌面擦过)，将钞票向上翻起，拇指将钞票展成微开的扇面形；右手三个指头沾水作点钞准备。这个方法的优点是不撕断捆钞票的纸条，便于查看图章和继续使用。

复点拆小把，是指钞票横执，正面朝向身体，用左手的中指和无名指夹住票面的左上角，拇指扶在钞票的上边里沿处，食指伸直，中指稍用力把钞票放倒在桌面上，使钞票的左上角翘起后(成瓦形)，用食指钩住纸条的上半部，往下用力从上边外沿处将其划破，抬起食指使纸条自然落在桌面上，再用左拇指翻起钞票成微开的扇面形，食指在钞票后面伸直支撑钞票，右手拇指、食指、中指沾水作点钞准备。

第二步：清点。

拆把后用右手的拇指尖逐张向下捻动钞票的右上角，食指在钞票的背面托住右上角，配合拇指捻动钞票(捻动时，用右手拇指的大关节带动小关节配合活动，拇指抬得不要过高，动作不要太大，捻的幅度要小、力度要轻)。捻下来的钞票用无名指往内方向弹(轻点快弹)，中指翘起沾水备用，在清点中拇指水用完可向中指沾一下水。

第三步：记数。

记数有两种方法，一种是双数记法；另一种是单数分组记法。

双数记法，即从1至100。单数分组记法，即从1234567891(即10)，1234567892(即20)，数到12345678910(即100)，分十组来记数。在点钞记数时，不要用嘴念出数来，要用心记。心、眼、手三者要密切配合，这样既快又准。

第四步：挑剔残破票。

清点时发现残破票，随手向外一扭，插在外边，待点完一把后，抽出残破票，补上好票。点票时要注意姿势，身体笔直，胸部稍挺，眼睛和钞票要保持一定距离，一般以20厘米较适宜。点时左手和肘部放在桌上，右手肘部也放在桌上，手腕稍抬起，这样能减轻劳动强度，持久工作。

第五步：扎把。

扎把也有两种方法，一种是半径拧扎法，另一种是缠绕折掖法。

半径拧扎法。左手横执已墩齐的钞票，正面朝向整点员，拇指在前，中指、无名指、小指在后，食指在钞票上侧伸直。捏住钞票左端约票面的1/3处，右手的拇指与食指、中指取纸条(纸条的长度一般约等于票面宽的3倍)，拿住纸条的1/3处，把纸条的2/3搭在钞票的上侧中央，用左手食指压住纸条，使纸条较短一端在钞票的背面，较长一端在钞票的前面，用拇指和中指捏住纸条长的一端往下外绕半圈，用食指钩住短的一端纸条，使纸条的两端在钞票的后面中间合拢捏紧，然后用左手稍用力捏住钞票的正面(中指、无名指、小指在外侧，拇指在里侧，食指伸直扶在钞票上半部)，捏成斜瓦形(正面凸，背面凹)，左手腕向外转动，右手捏住纸条向内转动，随后双腕还原的同时将右手中的纸条拧成半径，用食指将纸条掖在斜瓦里，使纸条卡在下部，这种半径扎把又快又紧。

缠绕折掖法。将墩齐的钞票横执，左手拇指在票前，小指、中指、无名指在票后，捏住钞票1/3处，食指在钞票上侧，把100张钞票分开一条缝，右手将纸张一端插入缝内(或将纸条一端以左手食指按在票背面中间)，然后由内往外缠绕，将纸条一端留在票面上部，用右手食指和拇指捏住纸条(纸条长度一般为票面宽的4倍)向右折掖在钞票正面上侧。

第六步：盖章。

每点完一把钞票(100张)，扎把后都要盖上图章，图章盖在钞票的上侧纸条上。

(二)手持式单指多张点钞法

手持式单指多张点钞法，是在手持式单指单张点钞法的基础上发展为一指可点2张以上的点钞法，目前有人做到了一指可点7张。这种点钞法、适用于收款、付款和整点工作，新旧币、主辅币都能点。这种方法的主要优点是记数比单张点钞省力，效率高。缺点是从第二张以后的钞票起看到的面积小。

这种方法除点数、记数外，其他均与手持式单张点钞法相同，只是持票时钞票的倾斜度稍大点。

点数，以右手拇指肚放在钞票的右上角，拇指尖超出票面，点双张时拇指肚捻1张，拇指尖往下捻第2张；点2张以上时，拇指均衡用力，捻的幅度不要太大，二指、三指在票后配合拇指捻动，四指向怀里弹，弹的速度要快。点数则从左侧看，这样看的面积大，看得清楚。

记数采用分组记数，如点3张，即3张为一组，记1个数，点33次余1张，即是100张，如点4~7张均以此方法计算。

(三)手持式四指拨动点钞法

这种点钞法适用于收、付和整点工作。5角以上的票券均能点，特点是效率高(4个手指都拨票)，记数省力(4张记1个数)。操作时主要用手关节活动，动作范围小，可以减轻劳动强度。最适于点数把券，不适于点残破票太多的钞票。

其操作方法如下：

第一，拆把及持票。拆把时以左手拇指、五指放在钞票上面，其余3个手指放在钞票背面，把钞票压成瓦形。用右手脱下纸条，左手立即将钞票一端向右手拍打一下，其作用是使钞票松散顺便将钞票向上推起，趁右手推起时，左手变换各手指位置，即四指、五指夹住钞票左下端，三指与拇指沿钞票的两侧伸出，卡住钞票。拇指要高于三指，三指稍用力，使钞票右上角稍向后倾斜成弧形，便于点数，三指稍曲抵住钞票背面中上方。

第二，清点。右手腕抬起，拇指贴在钞票的右下角，余下4个手指并拢，从小指开始每指一张依次下滑，四个指头每下滑一次捻下4张钞票，循环往复。同时，左手拇指和食指配合动作，使下钞通畅自如。

第三，记数。采用分组记数，每4张为一组，记1个数。记数则从二指拨下钞票后起记。

第四，挑剔残破票。点数时发现残破票，用两手指捏住(其他手指松开)向外折叠，露出一端，等一把钞票点完后，左手将票币横立桌上，用右手捏住，左手将残破票抽出，补上好票。

第五，扎把盖章。扎把盖章与手持式单指单张点钞法相同。

运用这种方法应注意以下几个问题：

(1)拨票时，要充分使手指关节活动，尽量减少腕力动作，以减轻劳动强度。

(2)左手拇指和三指夹住钞票两侧时，必须松紧适当，以免钞票脱落或不易拨下。

(3)拨票时眼睛应集中在钞票的右上角，这样可以看到票面的1/2，便于看出残破票、发现双张和拨空等。

(四)手持式五指拨动点钞法

这种方法适用于收款、付款和整点工作。其优点是操作时主要用手指关节活动，动作范围小，可减轻劳动强度，点钞速度快，记数省力；缺点是清点零数和付款配票不方便，残破票不易剔除。

这种操作方法可分为3种：

第一种除点数外，其他均与手持式四指拨动点钞法相同。点数时先从拇指开始触及票面及票面弧形面上，然后以二指、三指、四指、五指顺序逐一点数，向怀内下方拨票，手腕旋转连续拨动钞票，每5张为一组，记1个数。

第二种持把与手持式单张点钞法基本相同，不同的是左手二指略伸出票面夹住钞票不让其下垂、拇指夹住钞票侧面上端。右手五指同时沾水后，从第五指开始，依次四指、三指、二指、拇指，逐一触及钞票上端，轻轻向外推动，到拇指收尾，每指推点1张。每5张为一组，记1个数。

第三种持把与手持式单张点钞法相同。右手五个手指稍离开，微曲，向怀里(下方)轻轻拨动钞票的右上角(或中间)。点数时先从拇指开始，到五指收尾，每个手指拨点1张，拨动一次是5张。记数与上法相同。

二、手按式点钞法

手按式点钞法可分为手按式单张点钞法、手按式双张点钞法、手按式3张和4张点钞法、多指推动点钞法、三指拨动点钞法、手按式5张扳数点钞法6种。

(一)手按式单张点钞法

这种点钞法适用于收款、付款和整点各种新、旧、大、小钞票，特别宜于整点辅币及残破票较多的钞票。此法的优点是看的票面较大，便于挑剔残破票；缺点是在速度上比手持式单张点钞法慢些，劳动强度也大些。

操作时，把钞票横放桌上，正对自己，用左手四指、五指按住钞票的左上角，用右手拇指托起右下角的部分钞票；用右手二指捻动钞票，每捻起1张，左手拇指即往上推动送到二指、三指之间夹住，即完成了一次点钞动作，以后依次连续操作，记数1至100。

（二）手按式双张点钞法

这种点钞法适用于收款、付款和整点各种新旧主币、角币。主要优点是速度比手按式单张点钞法快一点；缺点是挑残破票不方便，所以不适用于整点残破票较多的钞票，劳动强度也较大。

整点时，把钞票斜放在桌上，左手小指、无名指压住钞票的左上方（约占全票1/4处），右手拇指、食指、中指沾水，沾水后随即用拇指托起右下角的部分钞票。右臂倾向左上方，然后用中指向上捻起第1张，随即用食指捻起第2张，捻起的这两张钞票用拇指往上推送到食指和小指间夹住。记数是分组记数，2张为一组，记50组为100张。

（三）手按式3张和4张点钞法

这种点钞法适用于收、付款和整点各种新旧主币，角币。它的优点是速度比单张、双张点钞法都快，缺点是除第一张外，其余各张看的票面小，不宜整点残破票较多的钞票，劳动强度也较大。

具体操作方法如下：

（1）放票。把钞票斜放在桌上，使其右下角稍伸出桌面，坐的椅子要向右斜摆，使身体与桌子成一个三角形，便于右手肘部枕在桌面上，操作起来省力。

（2）沾水。右手的食指、中指、无名指和小指沾水。

（3）点数。点钞时以左手五指、四指、二指按住钞票的左上角，右肘部枕在桌面上（右手肘如腾离桌面，容易疲劳，不易持久），拇指托起右下角的部分钞票，五指卷曲。3张点钞是以四指先捻起第一张，4张点钞是先用五指捻起第一张，随着四指、三指、二指，依顺序各捻起1张。捻起的3张（或4张）钞票用左手拇指向上推送到二指和三指间夹住。点数时切忌手指抬高，否则影响速度。

（4）记数。采用分组记数，三指点钞是每3张为一组记1个数，数到33组最后剩1张，即为100张；四指点钞是每4张为一组，记1个数，数到25组即为100张。

（5）挑剔残破票。点数时发现残破票，即用两个手指夹住（其他手指松开）抽出来。

（四）多指推动点钞法

这种点钞法适用于收、付款和整点各种钞票，尤其适合于整点成把的主币。它的优点是效率高；缺点是清点零数和付款配票不方便，残破票不易剔除。

操作方法：将钞票斜放在桌上，使右下角对正胸前，整点时用左手五指、四指弯曲压在钞票的左上角（约占票面的1/5，面积不要太大，以免影响检查票面），同时用右手四指、三指、二指沾水（为了便于推动，在推点前用右手掌在钞票右下角侧面向左上方推动一下，使钞票松散），然后右手后掌固定在桌上（在票子右下方），五指拈起，二指、三指、四指微曲，先用四指由钞票右下角推起第一张，紧接着用三指、二指各推起1张（手指和票的接触要少，不要用大力推）。每推动3张用左手拇指将它送到二指、三指之间夹住，即完成一组动作。以后照此继续操作。

（五）三指拨动点钞法

这种点钞法的具体操作方法如下：

（1）点数。右手将钞票横放桌上，左手五指、四指、三指压住钞票的左上角，右手二指、三指、四指沾水后，以二指从钞票右上角向胸前拨动第一张钞票，紧接着再用三指、四指分别拨起第二张、第三张钞票，每拨起3张钞票就以左手拇指向上推，用二指、三指夹住，即完成一组点钞动作，记数与手按式3张点钞法相同。

（2）挑剔残破票。整点时发现有残破票，待点完一组3张后，用左手将残破票取出，或者折起，等到点完一把后再取出来。使用此方法应注意的是：点钞时手臂和左手腕都固定在桌上不动，只要手指动就行，同时两手用力要均衡，票子才能拨得快。

（六）手按式5张扳数点钞法

这种方法适于整点各种主币及复点工作，新旧残破票混在一起的不宜用此种方法。它的优点是速度快，缺点是看票面小，不便挑剔残破票及鉴别假票。

操作时，双手持票，两手拇指在票前，其余各指在票后、捏住钞票的下半部将其竖立；然后以左手拇指向右推，右手四个手指向左推，下端约伸出桌面2厘米；左手中指、无名指、小指按住钞票右下角扳起钞票，使其向左散开，然后左手拇指在扳起的钞票中部一次扳5张，每扳一次用中指、食指夹住。记数时，5张为一组，记1个数，数到20即为100张。

三、扇面式点钞法

扇面式点钞法亦称四指交替扇面点钞法，它是将钞票捻成扇面形，用四指交替拨动，分组点数，一次点数多张的方法，每组分点5张、10张、12张、14张、16张不等，时速可达36000张/小时以上，适用于整点新票和复点工作。

常用的扇面式点钞法主要有：扇面式一按5张及一按10张点钞法、扇面式四指多张点钞法等。

（一）扇面式一按5张及一按10张点钞法

具体操作步骤为：

（1）打扇面。钞票竖拿，左手拇指和食指、中指捏住钞票的右下角，无名指、小指弯曲靠手心，右手拇指按住钞票下半部正中间，食指按在钞票背面，其余三个指头弯向手心。

开扇时，以左手为轴，右手食指将钞票向左下方压，将压弯的钞票向左上方推起；食指、中指向右捻动，此时左手拇指必须配合右手动作；这样反复操作，右手拇指逐次由中部向下移动，移至右下角时即可将钞票推成扇面形，然后用两手捧住钞票，将不均匀的地方抖开（钞票左半部向左方抖，右半部向右方抖）。使用此法开扇时，应注意两手的动作是同时并连续进行的。用一按10张点钞法时，扇面要开小些，才便于清点。

（2）清数。左手持票，使扇面平持稍向身体倾斜，右手中指、无名指托住钞票背面，用拇指一次向下按5张或10张，按下后用食指压住（按的部分是钞票的右上角）。接着，拇指按第二次，依次类推。左手应随着右手按的速度以腕部为轴稍向内转动扇面，右手向前走动，眼睛向前看，手、眼密切配合。这种方法是拇指单指前进，也可采用拇指、食指两指交替前进。

(3)记数。记数时用分组记数法，一按5张即每5张为一组，记1个数；一按10张即每10张为一组，记1个数。

(4)合扇。清点完毕即可合扇，将左手向右侧，右手用四个手指稍弯曲托住钞票的右侧，由右往左合，左右手指稍往中间一起用力，使钞票竖立在桌面上，两手松拢轻墩，然后再把钞票横执墩齐做扎把准备(扎把方法与手持式单指单张点钞法相同)。

(二)扇面式四指多张点钞法

扇面式四指多张点钞法，可一次点6张、7张、8张，最多的可点16张，下面介绍的是点6张的方法，点7张以上方法亦相同。

操作时，打扇面与扇面式一按5张点钞法相同，左手持扇面，右手清点，一按6张(或7张等)，点数时右手拇指查点第一个6张(7张等)，然后食指沿钞票上端向前移动，接数第二个6张(7张等)；中指、无名指依次接点第三、第四个6张(7张等)；右臂要随各指点数也轻轻向前移动，当无名指点完时，拇指则由里边迅速越上去接第五个6张(7张等)，开始第二轮的操作，四个手指依次轮流地反复清点。

任务三 现金的整点

实行封包交款办法的单位在封包时，首先要整理清点货币，其次再按银行的要求进行“封包”(捆扎)。

一、纸币整点方法

纸币应按照票面金额(即券别)分别整理。纸币可分为主币和辅币，主币包括100元、50元、20元、10元、5元、2元和1元，辅币包括5角、2角、1角、5分、2分、1分。出纳员应将各种纸币打开铺平，然后按币别每100张为一把，用纸条和橡皮筋箍好，每10把扎成一捆。比如100元券的纸币一把即为10 000元，一捆即为100 000元；10元券一把即为1 000元，一捆即为10 000元。不满100张的，十九平一折或九平一折，从大到小水平摊放。

残缺破损的纸币和已经穿孔、裂口、破缺、压薄、变形、正面的国徽或背面的数字模糊不清的铸币，应单独剔出，另行包装，整理方法同前。

铸币包括1元、5角、1角、5分、2分、1分。铸币也应按币别整理，同一币别每100枚为一卷，用纸包紧卷好，每十卷为一捆。

二、硬币的整点方法

在实际工作中整点硬币一般有两种方法：手工整点硬币和工具整点硬币。

(一)手工整点硬币

手工整点硬币，常用在收款、收点硬币尾零款，以100枚为一卷，一次可清点5枚、12枚、14枚或16枚，最多的可一次清点18枚，主要是依个人技术熟练程度而定。其操作方法如下：

(1)拆卷。右手持硬币卷的1/3部位，左手撕开硬币包装纸的一头，然后右手大拇指向下从左到右打开包装纸，左手食指平压硬币，右手抽出已打开的包装纸，准备清点。

(2)点数。按币值由大到小的顺序进行清点，左手持币，右手拇指食指分组清点。为保证准确，用右手中指从一组中间分开查看，如一次点18枚为一组，即从中间分开，一边9枚；如一次点10枚为一组，一边为5枚。记数方法为分组记数，一组为一次，如点10枚即记10次(如点18枚为5次加10枚，其他以此类推)。

(3)包装。硬币清点完毕后，用双手的无名指分别顶住硬币的两头，用拇指、食指、中指捏住硬币的两端，将硬币取出放入已准备好的包装纸1/2处，再用双手拇指把里半部的包装纸向外掀起掖在硬币底部，再用右手掌心用力向外推卷，然后用双手的中指、食指、拇指分别将两头包装纸压下，均贴至硬币，这样使硬币两头压三折，包装完毕。

(二)工具整点硬币

工具整点硬币是指大批的硬币用整点工具进行整点。

具体操作步骤如下：

(1)拆卷。拆卷有两种方法：

第一种是震裂法拆卷，是用双手的拇指与食指、中指捏住硬币的两端向下震动，在震动的同时左手稍向里扭动，右手稍向外扭动。值得注意的是，用力要适度，使包装纸震裂，取出震裂的包装纸准备清点。

第二种是刀划法拆卷，首先在硬币整点器的右端安装一个坚硬刃向上的刀片，拆卷时用双手的拇指、食指、中指捏住硬币的两端，从左端向右端从刀刃上划过，这样做包装纸被刀刃划破一道口，硬币进入整点器盘内，然后将被划开的包装纸拿开，准备点数。

(2)点数。硬币放入整点器内进行清点时，用双手食指扶在整点器的两端，拇指推动弹簧轴，眼睛从左端到右端，看清每格内是否5枚，如有氧化变形及伪币随时挑出，如数补充上，然后准备包装。

(3)包装，工具整点硬币的包装方法与手工整点硬币法相同。

任务四　机器点钞操作

点钞机是一种以自动清点钞票数额为目的的机电一体化装置，一般带有伪钞识别功能。目前点钞机的辨伪功能主要有：荧光检验装置、磁性检验、红外线穿透检验、激光检验等，随着科学技术的发展，辨伪功能将会更加先进和完善。

一、熟悉点钞机的功能键

点钞机有许多种类和型号，当然不管哪种类型的点钞机，其功能主要是点钞和防伪。点钞机的操作比较简单，在操作前应认真阅读说明书，清楚每个按键的功能和操作方法。现以各商业银行常用的数码防伪智能点钞机为例，具体介绍点钞机的按键功能。

(1)启动键。当停机需再运行或使用手动键时，按动此键。

(2)清零键。按动此键，可清除当前计数值，即回到“0”重新计数。

(3)智能键。按此键，智能指示灯亮，计数窗显示“—0”，即已打开智能功能，包括检测荧光、磁性、夹张、安全线、宽度等功能，以及新旧版100元、50元的混点。再按此键，计数窗显示“—1”，此时除了以上功能外，还有光谱、磁性以及分新旧版、大面额、小面额等功能，并显示相应票面面额。再按此键，智能指示灯灭，表示关闭此功能。

(4)荧光键。荧光功能对所有的纸币都能进行检测。

(5)磁性键。磁性功能对带有磁性油墨的纸币进行检测。

(6)累加键。累加功能可以连续累计清点数的总值，直至数值显示“9999”张后，即回到“0”重新计数。

(7)预置键。每按动此键一次，预置显示窗将会依次显示为“10”、“20”、“25”、“50”、“100”、“空白”等字样，再按“+”或“-”键，预置显示窗将显示加或减“1”；如果持续按住“+”或“-”键，预置显示窗将每隔1/4秒显示自动加或减“1”。

二、掌握机器点钞的操作程序

(一)点钞前准备

(1)点钞机一般放在操作人员右前方，点钞机使用前要进行调整和实验，力求转速均匀、点钞准确、下钞流畅，落钞整齐。

(2)接上电源，打开电源开关，观察荧光数码显示是否为“0”，若不是，请按“清零”键，使其复位。当蜂鸣器发出“滴”声，自检停机后再开始点钞。

(二)拆把

右手持票，拇指和食指在票前，中指、无名指和小指在票后，捏住钞票的右上角，然后用食指钩断封条，准备下钞。

(三)点钞

右手握票，拇指稍用力，将钞票捻成前低后高的斜坡形，放入滑钞台钞斗，如果放钞不正确，会发生真钞误报或机器出钞不准的情况。随着点钞机开始工作，握钞手指逐渐松开，切不可往下推挤钞票，钞票经下钞斗通过捻钞轮和荧光数码管，自然下滑到传送带，落到接钞台，下钞斗内的钞票清点完毕后，机器可自动停止。

机器运行时，操作人员要认真进行检查，如发现有假钞、破损或其他异物，或者有绵软、霉烂的钞票时，要立即剔除，然后再继续清点。清点过程中若发现假钞，机器就会自动停止，发出报警信号，或者在任意工作状态下指示灯亮，并且闪烁，计数器显示窗里显示相应的检测信息代号，可疑币停留在接钞台表面的第一张，取出假钞后，按启动键继续清点。操作完毕，要注意检查机器上是否有遗漏钞票，如为整把清点，应核实显示器读数是否“100”。

(四)扎把

左手从接钞台取出钞票，右手当即投入第二把，同时把钞票墩齐，进行扎把(扎把方法与手工点钞扎把法相同)，扎把时眼睛仍需看住机器跑道上的钞票。

做中学实训

[实训一]单项选择题

1. 关于人民币用纸的防假特征，以下说法错误的是(　　)。

A. 纸的质地高超　　B. 有荧光反应

C. 水印　　D. 安全线

2. 第三套人民币开始发行的时间是(　　)。

A. 1962 年　　B. 1987 年
C. 1999 年　　D. 2005 年

3. 真钞号码的印刷采用(　　)。
A. 平印印刷　　B. 凹印印刷
C. 凸印印刷　　D. 背面无压痕印刷

4. 2005 年版 100 元新钞的隐形数字在(　　)位置。
A. 左上角团花装饰内　　B. 右下角团花装饰内
C. 左下角团花装饰内　　D. 右上角团花装饰内

5. 第五套人民币的阴阳互补对印图案没有应用于(　　)元券中。
A. 100　　B. 50　　C. 20
D. 10　　E. 5

6. 第五套人民币 20 元的水印是(　　)。
A. 毛泽东头像　　B. 荷花
C. 月季花　　D. 水仙花

7. 第五套人民币 100 元正面胶印图案中的微缩文字是(　　)。
A. RMB　　B. RMB 和 RMB100
C. RMB 和 RMB100 元　　D. RMB100

［实训二］多项选择题

1. 印制人民币的防伪油墨主要有(　　)。
A. 凹印油墨　　B. 闪光油墨
C. 荧光油墨　　D. 磁性油墨

2. 以下属于变造币的是(　　)。
A. 涂改币　　B. 蜡印假钞
C. 剪贴币　　D. 揭页币

3. 采用比较的方法识别假钞，主要是比较(　　)。
A. 纸质　　B. 水印
C. 年份　　D. 安全线

4. 1999 年及 2005 年新钞正面左下角的号码，用光变油墨印制的有(　　)。
A. 100 元钞　　B. 50 元钞
C. 20 元钞　　D. 5 元钞

5. 2005 年版新钞有磁性的部位有(　　)。
A. 双色横号码　　B. 安全线
C. 隐形面额数字　　D. 凹印手感线

6. 人民币具有凹凸感的部位主要有(　　)。
A. 手工雕刻人像　　B. 盲文点
C. 中国人民银行行名　　D. 凹印手感线

7. 残缺人民币属于下列情况之一者，可全额兑换(　　)。

A. 票面残缺部分不超过五分之一，其余部分的图案、文字能照原样连接者
B. 票面污损、熏焦、水湿、油浸、变色，但能辨别真假，票面完整或残缺不超过五分之一，票面其余部分的图案、文字能照原样连接者
C. 票面污损、熏焦、水湿、变色不能辨别真假者
D. 票面残缺五分之一以上至二分之一，其余部分的图案、文字能照原样连接者

[实训三]我来试一试

分别用单指单张点钞法、多指多张点钞法点钞。成绩标准如下表所示。

时间	5 分钟(张)	成绩标准
单指单张点钞法	600	合格
	800	良好
	1 000	优秀
多指多张点钞法	800	合格
	1 000	良好
	1 200	优秀

要求：
(1)一把为 100 张，凡多于或少于 100 张，该把不计成绩。
(2)零头钞券张数必须正确，否则不计成绩。
(3)因扎把不紧或扎条断裂造成散把，该把不计成绩。
(4)快速准确。

学习情境三 现金业务

◎学习目标

1. 熟知现金管理的内容及有关制度；
2. 掌握现金收入的有关规定；
3. 掌握现金支出的有关规定；
4. 会填写有关原始单证和登记现金日记账。

项目一 库存现金管理

任务一 了解现金

"现金"一词，依国际惯例解释，是指随时可作为流通与支付手段的票证，不论是法定货币或信用票据，只要具有购买或支付能力，均可视为现金。所以，现金从理论上讲有广义与狭义之分。狭义现金是指企业所拥有的硬币、纸币，即由企业出纳员保管作为零星业务开支之用的库存现款。广义现金则应包括库存现款和视同现金的各种银行存款、流通证券等。

会计上所指的现金又称库存现金，是指存放在企业并由出纳人员保管的现钞，包括库存的人民币和各种外币。现金是流动性最强的一种货币资金，它可以随时用于购买所需物资，支付日常零星开支，偿还债务等。

在这里，我们所说的现金是指企业所拥有的硬(铸)币、纸币，即由企业出纳员保管、作为零星业务开支之用的库存现款。

任务二 熟知现金管理

现金是流动性最强的资产，具有现实的购买或支付能力，它无须变现即可挥霍使用，因而最容易成为不法分子偷盗、贪污、挪用的对象，所以必须严格遵守国家现金管理制度的规定，接受开户银行对其现金管理的监督检查；同时单位内部也应当加强对现金的管理，把现金结算和现金使用压缩在合理的范围之内。因此加强现金的日常管理，建立健全现金保管制度，就成为各单位及出纳人员的重要职责和主要工作任务。

一、现金管理的内容

现金管理就是对现金的收、付、存等各环节进行的管理。依据《现金管理暂行条例》，现金的日常管理应包括以下几个方面的内容。

(一)现金收入的管理

收入现金应及时送存银行，企业的现金收入应于当天送存开户银行，确有困难的，应由开户银行确定送存时间。单位收入的现金不得用于直接支付，即不得“坐支”现金，特殊情况经有关部门审查批准并在核定范围和限额内进行，但收支的现金必须入账。

（二）现金支出的管理

现金支出必须有合法的凭证，现金支出要有凭有据，手续完备，借款必须持有效的借据，不能以“白条”代替借据；严格按照国家规定的开支范围使用现金，结算金额超过起点的，不得使用现金；从银行提取现金时，应如实写明提取现金的用途，由本单位财会部门负责人签字盖章，并经开户银行审查批准后予以支付；因采购地点不确定、交通不便、抢险救灾等特殊原因须使用现金时，应向开户银行提出书面申请，由本单位财会部门负责人签字盖章，并经开户银行审查批准后予以支付。

（三）现金库存的管理

企业库存的现金，要实行限额管理和分类管理。

（1）出纳人员每天要对库存的现金进行认真清点，确定现金实有数，一方面对于超过库存限额以外的现金应在下班前送存银行，另一方面便于与现金日记账的账面余额核对，保证账实相符。限额之内的库存现金当日核对清楚后，一律放在保险柜内，不得放在办公桌内过夜。

（2）纸币和铸币，应实行分类保管，对库存票币分别按照纸币的票面金额和铸币的币面金额，以及整数（即大数）和零数（即小数）分类保管。

纸币一定要打开铺平存放、并按照纸币的票面金额，以每一百张为一把，每十把一捆扎好。凡是成把、成捆的纸币即为整数（即大数），均应放在保险柜内保管，随用随取；凡不成把的纸币视为零数（即小数），也要按照票面金额，每十张为一扎，分别用曲别针别好，放在传票箱内或抽屉内，一定要存放整齐，秩序井然。

铸币也是按照币面金额，以每一百枚为一卷，每十卷为一捆，同样将成捆、成卷的铸币放在保险柜内保管，随用随取；不成卷的铸币，应按照不同币面金额，分别存放在特别的卡数器内。

（四）现金账目管理

企业必须建立健全的现金账目，包括库存现金总账和库存现金日记账，并安排专人（即出纳）对库存现金进行保管和账目登记，逐笔登记现金收入和支出，做到账目日清月结，账款相符。

二、现金管理的基本原则

（一）收付合法原则

收付合法原则，是指各单位在收付现金时，必须符合国家的有关方针政策和规章制度。这里所说的合法主要包括两个层次的含义：一是现金的来源和使用合法；二是现金收付必须在合法的范围内进行。

（二）钱账分管原则

钱账分管原则，即管钱的不管账，管账的不管钱。各单位应配备专职或兼职的出纳员，负责办理现金收付业务和现金保管业务，非出纳员不得经管现金收付业务和现金保管业务；任何单位必须建立钱账分管制度，使出纳员和会计人员相互牵制，相互监督，从而减少错误并降低贪污舞弊的可能性。

要说明的是，并不是说出纳员不能管理任何账。出纳员在办理现金收付业务和保管现金的同时，可以登记库存现金日记账、银行存款日记账并编制现金日报表，由会计员登记库存现金总账和银行存款总账；有的单位由出纳员登记现金账(包括现金总账和日记账)，会计员编制现金日报表。但按《会计法》的规定，出纳员不得兼管稽核、会计档案保管和收入、费用、债权、债务账目的登记工作。

(三)收付两清原则

为了避免在现金收付过程中发生差错，防止收付时发生长、短款，现金收付时要做到认真复核，无论出纳工作繁简、现金金额大小、接待对象熟生，出纳人员对收付的现金都要进行复核或由另一名会计进行复核，无论是收入还是支付现金，都要求当事人当面点清，如有差错当面解决，以保证收付两清。

(四)账实相符原则

出纳人员每天都要对发生的现金收付业务进行清理，编制现金收付凭证，并全部记入现金日记账，结出每天的现金日记账的账面余额，并与库存现金的实有数额相核对，保证账实相符。

三、现金管理的基本要求

作为企业中流动性最强的一种货币性资产，现金是可以立即投入流通的交换媒介，现金的管理是由开户银行和各使用单位共同完成的。根据国家现金结算制度的规定，各单位收支的各种款项，必须按照国务院颁布的《现金管理暂行条例》的规定办理，在规定的范围内使用现金。开户银行和各使用单位加强对现金管理，应该遵循以下基本要求。

(一)严格遵守现金收支范围的规定

按照国务院发布的《现金管理暂行条例》规定，开户单位可以在下列范围内使用现金：

(1)职工工资、各种工资性津贴；

(2)个人劳务报酬；

(3)根据国家规定颁发给个人的科学技术、文化艺术、体育等各种奖金；

(4)各种劳保、福利费用以及国家规定的对个人的其他支出；

(5)向个人收购农副产品和其他物资的价款；

(6)出差人员必须随身携带的差旅费；

(7)结算起点(1 000 元)以下的零星支出；

(8)中国人民银行确定需要支付现金的其他支出。

按照以上现金适用范围的规定，在银行开户的单位，也只有在下列范围内才能收受现金，其他收入则一律通过银行办理结算。

(1)剩余差旅费和归还备用金等个人的交款。

(2)对个人或不能转账的集体单位的销售收入。

(3)不足转账起点(1 000 元)的小额收款。

(二)核定限额并管好限额内现金

从业务经营角度来说，各单位必须拥有一定数额的现金，用以购买零星材料，发放工资，缴纳税金，支付手续费或进行对外投资活动等正常业务经营活动的需要；但从财务管理的角度来看，现金又是所有资产中收益率最低的，将现金存入银行或用于购买短期证券等还可以取得一定的利息收入，而保留现金则不能取得任何收入，过多地保留现金将降低单位资产的获利能力。因此从本单位内部管理的角度讲，应当加强对现金的管理，把现金结算和现金使用压缩在合理的范围之内。

1. 库存现金限额及核定

库存现金限额，是指为保证各单位日常零星支付按规定允许留存的现金的最高数额。库存现金的限额，由开户行根据开户单位的实际需要和距离银行远近等情况核定。其限额一般按照单位3~5天日常零星开支所需现金确定。远离银行机构或交通不便的单位可依据实际情况适当放宽，但最高不得超过15天。

核定库存现金限额是现金管理的一项重要内容。办理库存现金限额的一般程序为：首先，由开户单位根据与银行协商核定的库存现金限额填制现金“库存限额申请批准书”（格式如表3-1和表3-2所示）；然后，开户单位将申请批准书报送单位主管部门签署意见；最后经开户银行审查、核定和综合平衡后，核定并批准限额数额。

表3-1 库存限额申请批准书

申请单位： 金额单位：
开户银行： 银行账号：

每日须保留现金支付项目	保留现金支付的理由与依据	申请金额	批准金额
工资			
材料采购			
……			
其他			
合计			
申请单位： 盖 章 年 月 日	开户银行： 盖 章 年 月 日	主管部门意见： 盖 章 年 月 日	

表3-2 库存限额申请批准书

申请单位： 金额单位：
开户银行： 银行账号：

项 目	申请数	批准数	申请坐支
一、库存限额			
(1)出纳			
(2)总务			
……			
二、生产部备用金			
……			
合计			
申请单位： 盖 章 年 月 日	开户银行： 盖 章 年 月 日	主管部门意见： 盖 章 年 月 日	

库存现金限额一般每年核定一次，一般而言单位每日现金结余数不得超过核定的限额，超过限额的现金必须于当天送存银行；单位因生产和业务发展、变化需要增加或减少库存限额时，可向开户银行提出申请，经批准后，方可进行调整，单位不得擅自超出核定限额增加库存现金。

库存现金限额的核定，通过下列公式计算确定：

库存现金限额 = 每日零星支出 × 核定天数

$$每日零星支出 = \frac{月（或季）平均现金支出总额（不包括定期或不定期的大额现金支出等）}{} \div 月（或季）平均天数$$

2. 限额库存现金的管理

库存现金限额经银行核定批准后，开户单位应当严格遵守，每日现金的结存数不得超过核定的限额。出纳人员在管理限额内的库存现金时，应注意以下几个方面：

(1)超过库存限额以外的现金应在下班前送存银行；如库存现金不足限额时，可向银行提取现金，不得在未经开户银行准许的情况下坐支现金。

(2)为加强对现金的管理，除工作时间需要的小量备用金可放在出纳员的抽屉内，其余则应放入出纳专用的保险柜内，不得随意存放。

(3)限额内的库存现金当日核对清楚后，一律放在保险柜内，不得放在办公桌内过夜。

(4)单位的库存现金不准以个人名义存入银行，以防止有关人员利用公款私存取得利息收入，也防止单位利用公款私存形成账外小金库。银行一旦发现公款私存，可以对单位处以罚款，情节严重的，可以冻结单位现金支付。

(5)库存现金，包括纸币和铸币，应实行分类保管。各单位的出纳员对库存票币分别按照纸币的票面金额和铸币的币面金额，以及整数(即大数)和零数(即小数)分类保管。

(三)遵循现金使用的禁止性规范

按照《现金管理暂行条例》及其实施细则的规定，各单位在现金使用过程中，应遵守“八不准”的基本要求。这“八不准”是：

(1)不准用不符合财务会计制度的凭证顶替库存现金；

(2)不准单位之间相互借用现金；

(3)不准谎报用途套取现金；

(4)不准利用银行账户代其他单位和个人存入或支取现金；

(5)不准将单位收入的现金以个人名义存入储蓄；

(6)不准保留账外公款(即小金库)；

(7)不准发行变相货币；

(8)不准以任何票券代替人民币在市场上流通。

四、现金管理制度

遵循现金管理基本原则，加强库存现金的日常管理，按照现金管理的基本要求进行现金收支活动，是通过建立和健全现金管理制度来完成的。

现金管理制度一般包括：现金支付流程制度、现金开支审批制度、日清月结制度、现金清查制度、现金保管制度、保险柜的配备使用制度等几个方面的内容。下面主要介绍前四项制度。

(一)现金支付流程制度

各单位应当按照规定办理现金支付业务，按照申请、审批、复核、支付的过程办理货币资金的支付业务。

(1)支付申请。单位有关部门和个人用款时要提前向审批人提交申请，注明请款用途、金额、预算等内容，并附有效的证明文件。

(2)支付审批。审批人在授权的职责、权限范围内对支付申请进行审批，对不符合规定的支付申请，审批人要拒绝批准。

(3)支付复核。复核人对批准后的货币资金支付申请进行复核，内容包括申请批准的程序与权限是否正确、手续与相关单证是否齐备、金额计算是否准确等，复核无误后交给出纳人员办理支付手续。

(4)办理支付。出纳人员根据复核无误的申请，按规定办理货币资金的支付手续，及时填制收付凭证，登记现金日记账。

(二)现金开支审批制度

各单位应按照《现金管理暂行条例》及其实施细则规定的现金开支范围，并根据本单位的生产经营管理实际，现金收付业务的繁简，以及现金开支的额度等，建立健全现金开支审批制度，以加强现金开支的日常管理。现金开支审批制度一般应包括以下内容：

(1)明确本单位现金开支范围。各单位应按《现金管理暂行条例》及其实施细则的规定，确定本单位的现金开支范围。

(2)制定各种报销凭证，规定报销手续和办法。

(3)确定各种现金支出的审批权限。各单位应根据其经营规模、内部职责分工等，确定不同额度和不同的现金支出审批权限。出纳员根据按规定权限审核批准并签章的付款凭证及其所附原始凭证，办理现金付款业务。没有经过审核批准并签章的或者有关人员超越规定权限审批的，出纳员不予付款。

(三)日清月结制度

日清月结是出纳员办理现金出纳工作的基本原则和要求，也是避免出现长、短款的重要措施。所谓日清月结就是出纳员办理现金出纳业务，必须做到按日清理，按月结账。

这里所说的按日清理，是指出纳员应对当日的经济业务进行清理，全部登记日记账，结出库存现金账面余额，并与库存现金实地盘点数核对相符。按日清理包括以下内容：

(1)清理各种现金收付款凭证，检查单证是否相符，也就是说各种收付款凭证所填写的内容与所附原始凭证反映的内容是否一致；同时还要检查每张单证是否已经盖齐“现金收讫”、“现金付讫”的戳记。

(2)登记和清理日记账。将当日发生的所有现金收付业务全部登记入账，并在此基础上检查账证是否相符，即现金日记账所登记的内容、金额与收付款凭证的内容、金额是否一致。清理完毕后，结出现金日记账的当日库存现金账面余额。

(3)现金盘点。出纳员应按券别分别清点其数量，然后加总，即可得出当日现金的实存数。将盘点得出的实存数和账面余额进行核对，看两者是否相符。

(4)检查库存现金是否超过规定的现金限额。如实际库存现金超过规定库存限额，出纳员则应将超过部分及时送存银行；如果实际库存现金低于库存限额，则应及时补提现金。

(四)现金清查制度

在坚持日清月结制度，由出纳员自身对库存现金进行检查、清查的基础上，为了加强对出纳工作的监督，及时发现可能发生的现金差错或丢失，防止贪污、盗窃、挪用公款等不法行为的发生，确保库存现金安全完整，各单位应建立库存现金清查制度，由有关领导和专业人员组成清查小组，定期或不定期地对库存现金情况进行清查盘点，重点应放在账款是否相符、有无白条抵库、有无私借公款、有无挪用公款、有无账外资金等违纪违法行为上。

一般来说，现金清查多采用突击盘点方法。不预先通知出纳员，盘点时间在一天业务没有开始之前或一天业务结束后，由出纳员将截止清查时现金收付账项全部登记入账，并结出账面余额，然后与实际盘点的现金结余额核对。

项目二 现金收入业务

任务一 现金收入业务的内容

单位现金收入的主要来源，是零售商品的销售收入，各种业务收入以及其他的零星收入，现金收入按照其性质不同可以分为以下几种类型：

(1)业务收入。指收取不能转账的单位或个人的销售收入。如企业的零星营业收入、单位主营业务收入、服务行业的劳务收入、机关团体的拨款收入等。

(2)非业务收入。如单位的投资收入、营业外收入，单位的其他收入等。

(3)预收现金款项。如企业按照合同规定预收的定金等。

(4)从银行提取现金。

(5)其他收入现金款项。如单位或职工交回差旅费剩余款、赔偿款、备用金退回款、接受捐赠或赞助、不足转账起点(起点为1 000元)的小额收入等。

任务二 现金收入业务的原始凭证

在办理现金收款业务时，不同的单位会涉及多种原始凭证，原始凭证包括以下几种：

一、发票

发票是指企业、事业单位在购销商品，提供和接受劳务以及从事其他经营活动中开具的票据。它是进行会计核算的原始凭证，也是税务机关进行税务稽查的重要依据。在经济活动中，发票是一切企事业单位、个人销售商品和提供劳务以及其他业务活动取得收入时填开给对方的合法凭证。

(1)增值税专用发票。增值税专用发票是按照税法规定应当缴纳增值税的单位和个人在销售货物或者应税劳务时购买方向接受劳务方开具的发票，是计算和缴纳增值税税款的基础和前提。增值税专用发票不仅是纳税人经济活动中的重要会计凭证，也是销货方纳税义务和购货方进项税额的合法证明。增值税专用发票的格式如表3-3所示。

表 3-3

增值税专用发票

No 10991860

记 账 联 开票日期： 年 月 日

购货单位	名　　称： 纳税人识别号： 地 址、电 话： 开户行及账户：			密码区			
货物或应税劳务名称	规格型号	单位	数量	单价	金额	税率	税额
合计							
价税合计（大写）				（小写）			
销货单位	名　　称： 纳税人识别号： 地 址、电 话： 开户行及账户：			备注			

第三联：记账联 销货方记账凭证

收款人： 复核人： 开票人： 销货单位：（章）

（2）普通发票。普通发票是由营业税人和增值税小规模纳税人及增值税一般纳税人在不能开具专用发票情况下使用的发票，包括行业发票和专用发票，前者适用于某个行业的经营业务，如商业零售统一发票、商业批发统一发票、工业产品销售统一发票等；后者适用于某个经营项目，如广告费用结算发票、商品房销售发票等。

普通发票的格式如表 3-4、表 3-5 所示。

表 3-4

服务业普通发票

服务业发票

存 根 联

地 税 监

440170043

查询电话：

查询号码

顾客名称：

年 月 日

收费项目	数 量	单 价	金额 万	千	百	十	元	角	分	备 注
合计人民币（大写）	万 仟 佰 拾 元 角 分									

第一联：存根联

开票人： 收款人： 开票单位（盖章）

表 3-5

流通业普通发票

发票联　　111000521011

客户名称：　　支票号：0512458　　No 0075556

<table>
<tr><td rowspan="2">编号</td><td rowspan="2">商品名称</td><td rowspan="2">规格</td><td rowspan="2">单位</td><td rowspan="2">数量</td><td rowspan="2">单价</td><td colspan="8">金　额</td></tr>
<tr><td>十</td><td>万</td><td>千</td><td>百</td><td>十</td><td>元</td><td>角</td><td>分</td></tr>
<tr><td></td><td></td><td></td><td></td><td></td><td></td><td></td><td></td><td></td><td></td><td></td><td></td><td></td><td></td></tr>
<tr><td></td><td></td><td></td><td></td><td></td><td></td><td></td><td></td><td></td><td></td><td></td><td></td><td></td><td></td></tr>
<tr><td></td><td></td><td></td><td></td><td></td><td></td><td></td><td></td><td></td><td></td><td></td><td></td><td></td><td></td></tr>
<tr><td></td><td></td><td></td><td></td><td></td><td></td><td></td><td></td><td></td><td></td><td></td><td></td><td></td><td></td></tr>
<tr><td colspan="6">小写金额合计</td><td></td><td></td><td></td><td></td><td></td><td></td><td></td><td></td></tr>
<tr><td colspan="2">大写金额</td><td colspan="12">拾　万　仟　佰　拾　元　角　分</td></tr>
</table>

第二联：发票联

开票单位(盖章)　　开票人　　年　月　日

二、收据

收据分为非经营性收据和内部收据。

(1) 非经营性收据是指国家机关、事业单位等按规定收取相关费用和咨询服务费所开具的收据。非经营性收据由国家财政部门统一印制或加盖监制章，国家机关、事业单位在规定收取各种费用时必须开具非经营性收据。其格式如表 3-6 所示。

表 3-6

非经营性资金往来统一收据

发票代码 1352020760193

发票号码 00249833

付款方：________　　日期：　年　月　日

<table>
<tr><td>项　目</td><td>金额</td></tr>
<tr><td></td><td></td></tr>
<tr><td></td><td></td></tr>
<tr><td colspan="2">合计人民币
(大写)：　　元</td></tr>
<tr><td colspan="2">备注：未经收款单位盖章及收款人签章无效。</td></tr>
</table>

第一联：存根

款项结算方式：________　开票：________　收款：________　收款单位(盖章)

(2) 内部收据。内部收据一般用于单位内部职能部门与职工之间的现金往来及与外部单位和个人之间的非经营性资金往来，如职工向单位交纳的水电费、房租等。内部收据一般由单位根据自己的需要设计印制或向商店购买，无需到税务部门领购。需要注意的是企业支付款项收到内部收据，内部收据不可以进行账务处理，必须取得正式收据，否则视为“白条”。内部收据的格式如表 3-7 所示。

表 3-7

<table>
<tr><td colspan="3">收 款 收 据
年 月 日</td><td>No 0049002</td></tr>
<tr><td colspan="3">今收到________________</td><td rowspan="5">第一联存根</td></tr>
<tr><td colspan="3">交来：________________</td></tr>
<tr><td colspan="3">金额(大写)____拾____万____仟____佰____拾____元____角____分</td></tr>
<tr><td colspan="3">¥________ □现金 □支票 □信用卡 □其他</td></tr>
<tr><td colspan="3">收款单位(盖章)</td></tr>
</table>

核准　　会计　　记账　　出纳　　经手人

任务三　现金收入业务的处理程序

现金收入业务的处理程序是指办理现金收入时，从复核现金收入的来源到登记现金日记账的处理步骤和规则。

一、现金收入业务的核算程序

(一)填制审批原始凭证。

出纳人员在处理收款业务时，首先审核外来的原始凭证，如发票、各种收据；审核该项业务的合理性、合法性以及该凭证所反映的商品数量、单价、金额是否正确，有无刮擦涂改迹象，有无相关负责人签章，对其票据的真实性进行审核。

(二)登记现金日记账。

根据审核无误的收款凭证登记现金日记账，并在记账凭证上画"√"和签章。

二、现金收入业务的处理流程

由于现金收入的来源不同，收入处理的基本程序和办理流程也不尽相同。几种主要的现金收入业务的处理流程如下：

(一)出纳直接收款业务的处理流程

缴款人直接到出纳部门缴款，出纳人员根据收款的凭证办理收款事宜。

(1)受理收款业务，查看收款依据手续是否齐全，明确收款的原因是否合理、合法。

(2)按照收款凭证的金额数清点现金，清点时辨认现金的真伪。

(3)开出收款收据，并加盖"现金收讫"章。

(4)根据审核的收款凭证登记现金日记账，并在记账凭证上画"√"和签章。

(二)从银行提取现金业务的处理流程

当单位需要使用现金发放工资，或者出纳保管的库存现金少于限额需要补充现金时，除了按照规定可以使用非业务性现金收入坐支外，均应填制现金支票，从银行提取现金。其程序如下：

(1)签发现金支票。按照现金支票的填制要求填制现金支票，在支票票面上加盖规定的印章。现金支票的样式如图 3-1 所示。

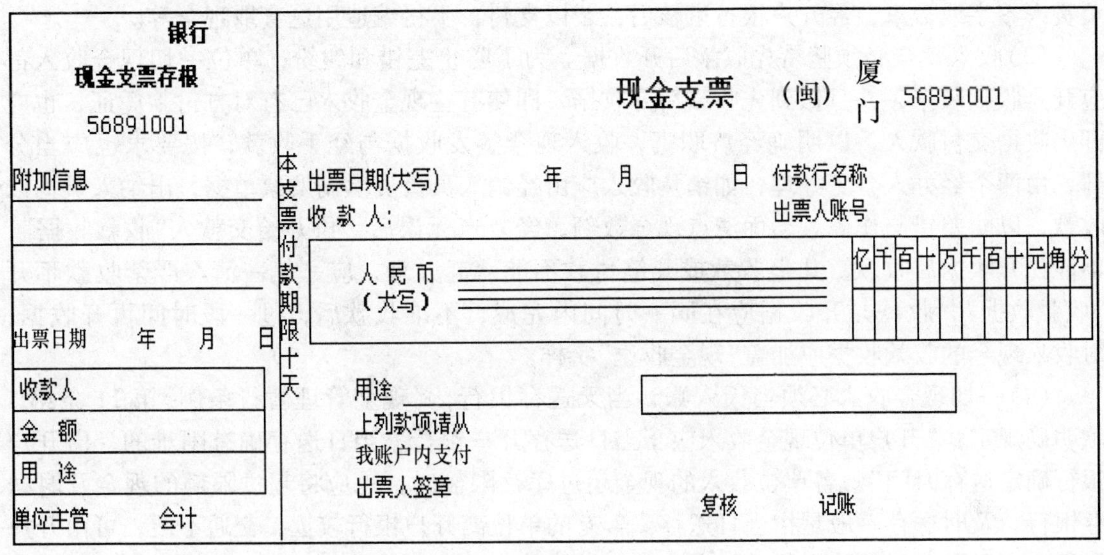

银行
现金支票存根
56891001
附加信息

出票日期　年　月　日
收款人
金　额
用　途
单位主管　会计

本支票付款期限十天

现金支票　（闽）厦门　56891001
出票日期(大写)　年　月　日　付款行名称
收 款 人:　出票人账号
人 民 币（大写）

亿	千	百	十	万	千	百	十	元	角	分

用途
上列款项请从
我账户内支付
出票人签章
复核　记账

图 3-1　现金支票

(2)将填好的现金支票从裁剪线处裁剪，将支票存根作为提取现金的原始凭证。将票面交给银行，作为提取现金的凭证。

(3)按照银行要求提交相关资料。

(4)清点现金数量。清点时应两人在场、注意现金是否破损、辨别真伪。

(5)根据审核的记账凭证登记库存现金日记账。并在记账凭证上画“√”和签章。

(三)业务员收款后缴款业务的处理流程

有些企业(如商品流通企业)，由于收款频繁，一般采取由业务员(收银员)负责分散收款或者集中收款的方式，定时上交出纳部门。其收入程序为:

(1)受理收款业务，查看收款依据(收款清单)手续是否齐全。

(2)计算、确定应收款的金额。如果应收金额中包括已预售款项，从中扣减。

(3)清点、收取现金。

(4)开出收款收据，在收据或者清单上加盖“现金收讫”章。

(5)根据审核的收款凭证登记库存现金日记账，并在记账凭证上画“√”和签章。

三、现金收入业务的管理

现金收入业务的管理就是要求各单位现金收入要合法，而且现金结算收入都应送存银行，需要现金支出，一律从银行提取，不得任意坐支。现金收入的管理主要包括以下几个方面的内容:

(1)企业应按规定编制现金收入计划，并按计划组织现金收入活动。

(2)现金来源必须合理合法。单位的现金收入有多种来源，无论哪种来源都必须符合有关规定和实际需要。不能乱列开支项目提取现金，或出售商品(产品)金额在结算起点以上的拒收银行结算凭证，而收取现金或按一定比例搭配收取现金；单位在国家规定的使用范围和限额内要使用现金，应从开户银行提取，提取时应写明用途，由本单位财务部门负责人签字或盖章，经开户银行审核后，予以支付，不得编造用途套取现金等。

(3)收入现金必须坚持先收款后开收据。为了防止差错和纠纷，单位一切现金收入都应开具收款收据，并且做到先收款后开收据，即使有些现金收入已有对方付款凭证，也应开出收据交付款人，以明确经济职责；收入现金签发收据与经手收款，按要求也应当分开，由两个经办人分工办理，如销货收入应由经销人员负责填制发票单据，出纳人员据以收款，以防差错与作弊。当面清点现金数额，经复点无误后，再开给交款人"收款收据"，不能先开收据后收款。几笔收款或几笔付款不能一起办理，应一笔一清。严禁收款不开"收款收据"，收款与开收据应在同一时间内完成，不准收款后，过一段时间再开收据；对收入现金的收款收据应加盖"现金收讫"字样。

(4)一切现金收入必须当天入账，当天送存银行，《现金管理暂行条例》第 11 条第 1 款明确规定："开户单位现金收入应于当日送存开户银行，当日送存确有困难的，由开户银行确定送存时间"。各单位收入的现金超过库存限额时，也应将超过限额的现金及时送存银行。及时送存一般是指当日送存，若有的单位离开户银行较远，交通不便，可由开户银行确定送存时间。如果收进的现金是开户银行当天停止收款以后发生的，也应在第二天送存银行。

(5)出纳应定期编制"现金收入报表"。记录单位收到的各种现金款项，反映本企业收入款项情况。"出纳现金日报表"的格式如表 3-8 所示。

表 3-8

出纳现金日报表

日期：　　年　月　日　　　　单位：人民币元

项目		金额			备注
		本日	本月累计	本年累计	
本日收入	营业款				
	个人还款				
	保证金收入				
	取款				
	其他收入				
	本日收入合计				
本日支出	费用报销				
	个人借款				
	存款				
	退还保证金				
	其他支出				
	本日支出合计				
上日现金余额：					
本日现金余额：					

项目三 现金支出业务

任务一 熟知现金支付业务的内容

现金支付可分为主动支付和被动支付两种业务。主动支付是指出纳部门和人员主动将现金给收款单位和个人，如发放工资、奖金、津贴和福利等工薪类支出；被动支付是收款单位或个人持有关凭据到出纳部门领报现金，如费用报销、借款等。具体来讲，现金支付业务可以归纳为几种情况：工资及福利性支出、费用的报销、备用金的预借与报销、向有关人员支付劳务费、向职工发放非工资性资金等。

一、工资及福利性支出

工资及福利性支出是按照国家有关规定计算的工资总额，应包括计时或计件工资、奖金、津贴、补贴、加班加点工资以及福利性支出。出纳人员应根据有关资料编制付款单，计算付款金额，按实发工资额，将现金支票和“工资表”送交银行，职工可以凭借“活期储蓄”存折到银行办理取款事项。

二、费用的报销

(1)差旅费的报销。单位工作人员因公出差需借支差旅费，应先到财务部门领取并填写借款单，按照借款单所列内容填写完整，然后送所在部门领导和有关部门人员审查签字。出纳人员根据自己的职权范围，审核无误后给予现金支付。出差人员回来后，应持各种原始凭证至出纳员处报销，出纳人员要熟知差旅费的开支范围、标准和方法程序：出差人应先到财务部门领取报销单，将有关原始凭证，如车、船票，住宿发票，餐费票等分类后粘贴在报销单据背后，经所在部门领导审核签字后，送财务部门，出纳人员根据相关规定，审核后予以报销。报销单据作为原始凭证用于编制记账凭证。

(2)零星费用的报销。各单位内部有关人员进行零星物品采购或单位职工支付医药费等费用，可持原始凭证到出纳处，出纳人员认真审核这些开支是否符合各种规定，是否由有关人员或部门批准后予以报销。出纳人员依据批准报销的金额支付现金，在原始凭证上加盖“现金付讫”印章，并依此原始凭证编制记账凭证，登记日记账。

三、备用金的预借与报销

备用金是指付给单位内部各部门或工作人员用于零星开支，零星采购，信贷找零或差旅费用的款项。

备用金按备用形式可分为定额备用金和非定额备用金两种。定额备用金是对实行定额备用金的单位先核定发放其定额，今后报销费用时直接记入费用账户，补足其定额，其特点是一次领用、定期报销、简化核算、补足定额；非定额备用金是指用款单位根据实际需要向财会部门借款，凭各种支付凭证向财会部门报销时，作为冲减备用金处理。如需再用，则要重新办理借款手续。这种方法适用于预借差旅费等备用金的管理。

(1)备用金的预借。单位内部人员需领用备用金时，一般由经办人填写借款单据。借款单据可采用一式三联式凭证，第一联为付款凭证，作为财务部门的记账依据；第二联为结算凭证，借款期间由出纳人员留存，报销时作为核对依据，报销后随同报销单据作为记账凭证的附件；第三联交借款人员保存，报销时由出纳人员签字后作为借款结算及时交回借款的收据。

(2)备用金的报销。实行定额备用金制度，使用定额备用金的部门或工作人员应该按核定的定额填写借款凭证，一次性领出全部定额，使用后凭发票等有关凭证报销，出纳人员将报销金额补充原定额，从而保证该部门或工作人员经常保持核定的现金定额。只有等到期终、撤销定额备用金或调换经办人时才全部交回备用金。

采用非定额备用金的单位，根据每次业务所需备用金的数额填制借款凭证，向出纳人员预借现金，使用后凭发票等原始凭证一次性到财务部门报销，多退少补，一次结清，下次再用时重新办理借款手续。

四、向有关人员支付劳务费

各单位接受其他单位和个人劳务与服务，经常需要用现金支付劳务费和服务费。一般来说，支付给有关单位的劳务费与服务费，应由对方单位和个人开具发票、统一收据等原始凭证，付款单位凭借原始凭证记账和付款，而支付给个人的劳务费与服务费，则需要由自己单位提供并编制有关凭证，由提供劳务的个人签字后，据以入账并付款。

五、向职工发放非工资性资金

向职工发放非工资性资金主要是指向职工发放的非工资性奖金(如合理化建议奖、技术改进奖等)、劳动保护费和计划生育独生子女补贴等，在发放这些费用时，一般都是由本单位财务部门按国家规定计算出应发放的金额，编制发放表和领款收据等原始凭证，经领导批准后发放并入账。

任务二　熟知现金支付业务原始凭证的填制

现金支付业务都是依据一定的凭据进行的，原始凭证是现金支付业务的具体表现形式。现金支付业务的原始凭证有外来的原始凭证，也有自制的原始凭证。

外来原始凭证是向外购货或接受劳务、服务而由供货方或提供劳务、服务方填写的原始凭证。如购货接受的发票、乘坐车船飞机的车票、船票和飞机票等。

自制原始凭证则是由本单位在发生付款业务时由本单位统一制作或外购并填开的原始凭证。常见的付款原始凭证有以下几种。

一、工资表

工资表是各单位按月向职工支付工资的原始凭证。出纳人员按每个员工的工资数计算并审核工资总额，通过银行办理，并附以工资发放清单。其格式如表 3-9 所示。

表 3-9

月份工资表

第______页 共______页

发放日期：　　年　月　日

顺序号	工号及姓名	基本工资	职务工资	奖金	加班工资		(一)产病工资			(一)事假		应发金额	代扣款项						实发金额	收款人签章	
							日数	%	工资	日数	工资		养老保险	医疗保险	个人所得税						
1																				1	2
2																					
3																				3	4
4																					
5																				5	6
6																					
7																				7	8
8																					
9																				9	10
10																					
11																				11	12
12																					
13																				13	14
14																					
15																				15	16
16																					
17																				17	18
18																					
19																				19	20
20																					
合计																					

出纳　　　　　　劳动工资　　　　　　制表

二、报销单

报销单是各单位内部有关人员为单位购买零星物品，按受外单位或个人劳务费或服务而办理报销业务，以及单位职工报销医药费等使用的单据。其格式如表 3-10 所示。

表 3-10 费用报销单

<table>
<tr><td colspan="5">购物(或业务往来)日期：　　年　月　日</td><td colspan="4">背面附原始凭证　　张</td></tr>
<tr><td colspan="4">内　容</td><td colspan="2">发票号</td><td>单价</td><td>数量</td><td>金额</td></tr>
<tr><td>1</td><td colspan="3"></td><td colspan="2"></td><td></td><td></td><td></td></tr>
<tr><td>2</td><td colspan="3"></td><td colspan="2"></td><td></td><td></td><td></td></tr>
<tr><td>3</td><td colspan="3"></td><td colspan="2"></td><td></td><td></td><td></td></tr>
<tr><td colspan="9">备注：</td></tr>
<tr><td colspan="9">实报金额(大写)　　¥________</td></tr>
<tr><td>审批</td><td></td><td>稽核</td><td></td><td>验收</td><td></td><td>经手人</td><td colspan="2"></td></tr>
</table>

三、借款借据

借款借据是单位内部所属机构为购买零星办公用品或职工因公出差等原因向出纳员借款时的凭证。其格式如表 3-11 所示。

表 3-11 借款单

年　月　日　　　　第　号

<table>
<tr><td>借款部门</td><td></td><td>姓名</td><td></td><td>事由</td><td colspan="2"></td><td rowspan="4">第三联、记账凭证</td></tr>
<tr><td colspan="2">借款金额(大写)</td><td colspan="5">万　仟　佰　拾　元　角　分　　¥________</td></tr>
<tr><td>部门负责人签署</td><td></td><td>借款人签章</td><td></td><td>注意事项</td><td colspan="2">一、凡借用公款必须使用本单
二、第三联为正式借据由借款人和单位负责人签章
三、出差返回后三天内结算</td></tr>
<tr><td>单位领导批示</td><td></td><td>审核意见</td><td colspan="4"></td></tr>
</table>

四、领款收据

领款收据是本单位职工向单位领取各种非工资性奖金、津贴、补贴、福利、劳务费和其他各种现金款项及其他单位或个人向本单位领取各种劳务费、服务费时填制的，作为付款的原始凭证。其格式如表 3-12 所示。

表 3-12

领　款　单

年　月　日　　　　第　　号

单位或姓名	
领款事由	
今领到人民币(大写)	¥
备注	

核准：　　　会计：　　　出纳：　　　领款人：

五、差旅费借款、报销单

出差人员预先借支差旅费的，应当使用统一格式、填写完整并经过所在部门领导和相关人员签字的差旅费借款结算单作为原始凭证，也可以使用普通的借款借据或者借据凭证作为原始凭证。出差人员回到单位后报销差旅费时，应当填写差旅费报销单，经所在部门领导和财务领导签字后成为报账的原始凭证。其格式如表 3-13 和表 3-14 所示。

表 3-13

借　支　单

年　　月　　日　　　　部门：

借支人姓名				职　　务			
借支事由							
人民币（大写）						¥	
核准		会计		出纳		借支人	

表 3-14

差旅费报销单

服务部门						姓名			出差天数	自　月　日至　月　日共　天				
出事差由									借旅支费	日期		金额 ¥		
										结算金额				
出发			到达			起地点	交通费	行李费	旅馆费	住勤费	途中伙食费			
月	日	时分	月	日	时分									
合　计						万 仟 佰 拾 元 角 分 ¥								
主管						会计			出纳		报销人			

任务三　熟知现金支付业务的程序

一、现金支付业务的一般程序

出纳办理现金支付业务，通常按以下基本程序进行：

(1)填制原始凭证。出纳人员认真填制现金支出原始凭证，经有关人员签字盖章，对原始凭证进行认真审核，确认原始凭证真实、合法、准确。

(2)登记现金日记账。出纳人员根据审核无误的收付款凭证登记库存现金日记账。

二、现金支付业务的方式与流程

在出纳工作中，现金支付包括直接支付现金和支付现金支票两种基本方式。直接支付现金的方式是出纳人员根据有关的支出凭证直接支付现金给收款人的支付方式；支付现金支票方式是出纳人员根据审核无误的相关凭证，将填写的现金支票交给收款人，由收款人直接到开户银行提取现金的支付方式。

由于现金支付方式和内容的不同，其业务处理流程也不尽相同。有关现金支付业务的处理流程如下：

(一)工资薪金类支出业务的处理流程

(1)根据工资汇总表计算实发工资。

(2)根据实发工资数填制现金支票，从银行提取现金，按照单位或者个人分别装袋。

(3)发放工资时，工资领取人(单位或者个人)签名盖章。

(4)根据审核的会计凭证登记日记账。

(二)职工报账或借支业务的处理流程

(1)受理原始凭证，如费用报销单、借支单。

(2)审核原始凭证。

(3)在审核无误的原始凭证上加盖“现金付讫”章。

(4)清点现金并复核，要求收款人清点现金。

(5)根据审核的会计凭证登记日记账。

(三)现金送存业务的处理流程

按照规定，各单位必须按银行核定的库存现金限额保管、使用现金。在日常现金收支业务中，除了按规定可以坐支的现金和非业务性零星收入现金，可以用于补充库存现金限额外，其他业务活动收到的现金及超过库存现金限额的现金，必须及时存入银行。其程序如下：

(1)清点存款数。在现金送存前，出纳人员应对送存现金进行分类整理，主要是按照货币票面分别清点，按照每100张(枚)进行整理。

(2)填写现金存款单(解款单)。现金存款单一式三联。一联作为回单，银行确认收款后盖章，退回存款单位，作为原始凭证；另两联留银行。其格式如表3-15所示。

表 3-15

中国银行现金存款凭条

年 月 日

<table>
<tr><td rowspan="3">收款人</td><td>全 称</td><td colspan="10"></td></tr>
<tr><td>账 号</td><td></td><td colspan="3">款项来源</td><td colspan="6"></td></tr>
<tr><td>开户行</td><td></td><td colspan="3">交款人</td><td colspan="6"></td></tr>
<tr><td colspan="2" rowspan="2">金额大写(币种)</td><td rowspan="2"></td><td>百</td><td>十</td><td>万</td><td>千</td><td>百</td><td>十</td><td>元</td><td>角</td><td>分</td></tr>
<tr><td></td><td></td><td></td><td></td><td></td><td></td><td></td><td></td><td></td></tr>
</table>

<table>
<tr><td>票面</td><td>张数</td><td>金额</td><td>票面</td><td>张数</td><td>金额</td><td rowspan="8">复核： 经办：</td></tr>
<tr><td>100 元</td><td></td><td>5 角</td><td></td><td></td><td></td></tr>
<tr><td>50 元</td><td></td><td>2 角</td><td></td><td></td><td></td></tr>
<tr><td>20 元</td><td></td><td>1 角</td><td></td><td></td><td></td></tr>
<tr><td>10 元</td><td></td><td>5 分</td><td></td><td></td><td></td></tr>
<tr><td>5 元</td><td></td><td>2 分</td><td></td><td></td><td></td></tr>
<tr><td>2 元</td><td></td><td>1 分</td><td></td><td></td><td></td></tr>
<tr><td>1 元</td><td></td><td></td><td></td><td></td><td></td></tr>
</table>

第一联 银行核对联

(3)送交存款。

(4)根据审核的会计凭证登记库存现金日记账。

三、现金支付业务的管理

现金支出管理实际上就是指对企业库存现金的使用范围及现金支出所进行的管理。

(1)企业应按规定编制现金开支计划，并按计划组织现金支出活动。

(2)向个人支付现金的业务，必须在规定的范围内。超过规定范围支付现金必须经过开户银行审核同意；单位之间不得互相借用现金。

(3)单位购买国家规定的专控商品不得使用现金支付，对于国家专控商品，其销售单位不得收取现金，购买单位不得支付现金，要通过转账支付方式完成交易行为。

(4)一切现金支出都要有合法的原始凭证。现金支出要有凭有据，手续完备，借款必须持有效的借据，不能以“白条”代替借据。凭证由经办人签名，经主管和有关人员审核后，出纳人员才能据以付款，在付款后，应加盖“现金付讫”戳记，妥善保管。

(5)出纳人员应定期编制“现金支出报表”，可按照各项费用分类反映，也可按部门分类反映费用支出，通过现金支出管理加强费用管理。

做中学实训

[实训一]单项选择题

1. 下列选项中，体现办理现金业务不相容岗位相互分离的是(　　)。

A. 由出纳人员兼任会计档案保管工作

B. 由出纳人员保管签发支票所需全部印章

C. 由出纳人员兼任收入总账和明细账的登记工作

D. 由出纳人员兼任固定资产明细账及总账的登记工作

2. 根据《现金管理暂行条例》规定，下列经济业务中，一般不应使用现金支付的是(　　)。

A. 支付职工奖金 8 000 元

B. 支付零星办公用品购置费 950 元

C. 支付物资采购货款 1 900 元

D. 支付职工差旅费 500 元

3. 企业一般不得从本单位的现金收入中直接支付现金，因特殊情况需要支付现金的，应事先报经(　　)审查批准。

A. 本企业单位负责人　　B. 上级主管部门

C. 开户银行　　D. 财税部门

4. 通常情况下，企业库存现金限额由开户银行根据企业日常开支(　　)天需要量来确定。

A. 1 ~ 3　　B. 3 ~ 5　　C. 5 ~ 7　　D. 5 ~ 15

5. 企业现金清查中，无法查明原因的现金溢余，经批准后应(　　)。

A. 冲减财务费用　　B. 冲减管理费用

C. 计入其他应付款　　D. 计入营业外收入

6. 从银行提取现金，应该编制(　　)凭证。

A. 现金收款　　B. 现金付款

C. 银行收款　　D. 银行付款

7. (　　)属于现金主动支付业务。

A. 差旅费用报销　　B. 工资奖金发放

C. 职工款项借支　　D. 零星费用报销

8. 下列不符合现金管理内部控制制度的是(　　)。

A. 出纳员登记现金日记账　　B. 出纳员负责会计资料保管

C. 出纳员每日盘点现金　　D. 出纳员管理现金

[实训二] 多项选择题

1. 企业发生的下列支出中，按规定可使用现金支付的有(　　)。

A. 支付职工张明差旅费 3 000 元

B. 支付银行承兑汇票手续费 1 000 元

C. 支付李明困难补助 800 元

D. 支付购置设备款 6 000 元

E. 支付采购材料款 10 000 元

2. 关于现金管理，下列说法正确的有(　　)。

A. 在国家规定的范围内使用现金结算

B. 库存限额一经确定，不得变更
C. 收入的现金必须当天送存银行
D. 必须每天登记现金日记账
E. 单位之间不借用现金

3. 现金管理的基本原则主要包括(　　)。
A. 收付合法　　B. 收付两清
C. 收付两便　　D. 钱账分管
E. 钱账统管

4. 单位现金管理制度主要包括以下(　　)等内容。
A. 现金开支审批制度　　B. 现金支付流程制度
C. 现金清查制度　　D. 现金内控制度
E. 现金稽核制度

5. 企业现金收入的主要来源，包括(　　)等项内容。
A. 零星销售收入　　B. 提取现金业务
C. 产品销售收入　　D. 存入现金业务

6. 为加强现金核算，企业应该设置(　　)等账簿资料进行登记。
A. 库存现金总账　　B. 库存现金明细账
C. 库存现金日记账　　D. 库存现金备查账

7. 反映企业现金业务的主要原始凭证包括(　　)。
A. 发票　　B. 收据　　C. 报销单　　D. 借支单

8. 出纳人员在通过现金方式收妥款项和付清款项后，应该在相关原始单据上加盖(　　)专章。
A. 现金收讫　　B. 现金付讫　　C. 转账讫　　D. 收讫

[实训三]判断题

1. 通常情况下，我们所说的现金是由出纳员保管、作为零星业务开支之用的库存现款。(　　)

2. 一般情况下，企业发生的少量零星开支可直接从本单位的现金收入中支付。(　　)

3. 单位开支在1 000元以上的业务办理，均通过银行转账进行结算。(　　)

4. 现金清查中，对于无法查明原因的现金短缺，经批准后应计入营业外支出。(　　)

5. 日清月结就是说出纳员在办理现金出纳业务时，必须做到按日清理，按月结账。(　　)

6. 钱账分管原则，即管钱的不管账，管账的不管钱。所以作为管钱的出纳员在其工作中不能管理任何账。(　　)

7. 企业现金收款业务，出纳员应先当面清点现金数额，收款后再开“收款收据”给交款人，不能先开收据后收款。(　　)

8. 为加强现金收支的管理，出纳人员应该定期编制“现金收支报表”。 (   )

9. 从银行提取现金时，应由出纳员填开转账支票，如实写明提取现金的用途，由本单位财会部门负责人签字盖章，并经开户银行审查批准后予以支付。 (   )

10. 经开户银行和有关部门审查批准，单位收入的现金可用于直接支付，收支的现金可以不必入账。 (   )

11. 库存现金限额是由人民银行核定的各单位日常零星开支需要的最高数额。(   )

[实训四]我来试一试

某制造厂2011年7月上旬发生以下与现金有关的经济业务：

1. 7月1日填制现金支票，从银行提取现金1 000元。
2. 7月2日业务员张华因公出差申请借款500元。
3. 7月5日办公室借定额备用金2 000元。
4. 7月7日职工张华出差回来，报销费用300元，归还余款200元。
5. 7月8日收到零星收入1 000元，送存银行。
6. 7月10日办公室报销费用600元，补足备用金。

要求：

(1)指出出纳在办理上述业务时的流程与手续；

(2)根据上述业务登记库存现金日记账。

学习情境四
银行业务

◎学习目标

1. 熟知银行存款的管理内容及其管理规定；
2. 掌握常见银行结算方式及其结算要点；
3. 会办理各种银行结算和登记日记账以及编制银行存款余额调节表。

项目一　银行存款管理

任务一　了解银行账户及其分类

银行账户是各单位为办理结算和申请贷款在银行开立的户头，也是单位委托银行办理信贷和转账结算以及现金收付业务的工具。它具有监督和反映国民经济各部门、各单位活动的作用。

各单位在经济活动中，除了按国家现金管理规定可以使用现金外，都必须通过银行办理转账结算。因此，每个单位都必须到当地银行或其他金融机构开设存款账户。这些存款账户主要有基本存款账户、一般存款账户、临时存款账户和专用存款账户。

(1)基本存款账户是存款人办理日常转账结算和现金收付的账户。存款人工资、奖金等现金的支取，只能通过本账户办理。

(2)一般存款账户是存款人在基本存款账户以外的银行借款转存、与基本存款账户的存款人不在同一地点的附属非独立核算单位开立的账户。存款人可以通过本账户办理现金的缴存和转账结算，但不能办理现金的支取。

(3)临时存款账户是存款人因临时经营活动需要开立的账户。存款人可以通过本账户办理转账结算和根据国家现金管理规定办理现金收付。

(4)专用存款账户是存款人因特定用途需要开立的账户，如基本建设资金存款、更新改造资金存款等。

任务二　熟知银行账户的开户条件

一、基本存款账户开户条件

(一)申请开户对象

下列存款人可以申请开列基本存款账户：

(1)企业法人；

(2)企业法人内部单独核算的单位；

(3)管理财政预算资金和预算外资金的财政部门；

(4)实行财政预算管理的行政机关、事业单位；

(5)县级(含县级)以上军队、武警单位；

(6)外国驻华机构；

(7)社会团体；

(8)单位附设的食堂、招待所、幼儿园；

(9)外地常设机构；

(10)私营企业、个体经营户、承包户和个人。

(二)申请人需提交的证明文件

存款人在银行开设基本存款账户首先应填制开户申请表，并出具有关证明文件，经银行审核同意后，由中国人民银行地方分支机构核发开户许可证。

申请人申请开列基本存款账户时，应向开户银行出具下列证明文件之一：

(1)当地工商行政管理机构核发的《企业法人执照》或《营业执照》正本、税务登记证、代码证；

(2)中央或地方编制委员会、人事、民政等部门的批文和财政部门同意其开户的证明；

(3)军队军级以上、武警总队财务部门的开户证明；

(4)单位对附设机构同意开户的证明；

(5)驻地有权机构对外地常设机构的批文；

(6)承包双方签订的承包协议；

(7)个人的居民身份证和户口簿。

注意：每个单位只能开设一个基本存款账户，存款人在其账户内要有足够的资金保证支付。

二、一般存款账户开户条件

(一)申请开户对象

下列情况，存款人可以申请开列一般存款账户：

(1)在基本存款账户以外的银行取得借款的存款人；

(2)与基本存款户的存款人不在同一地点的附属非独立核算单位。

(二)申请人需提交的证明文件

申请人申请开列存款账户时，应向开户银行出具下列证明文件之一：

(1)借款合同或借款借据；

(2)基本存款账户的存款人同意其附属的非独立核算单位开户的证明。

三、临时存款账户开户条件

(一)申请开户对象

下列情况，存款人可以申请开列临时存款账户：

(1)外地临时机构；

(2)临时经营活动需要。

（二）申请人需提交的证明文件

申请人申请开列临时存款账户时，应向开户银行出具下列证明文件之一：

(1)当地工商行政管理机关核发的临时执照；

(2)当地有权部门同意设立外来临时机构的批件。

四、专用存款账户开户条件

（一）申请开户对象

针对下列资金，存款人可以申请开列专用存款账户：

(1)基本建设的资金；

(2)更新改造的资金；

(3)特定用途，需要专户管理的资金。

（二）申请人需提交的证明文件

申请人申请开列专用存款账户时，应向开户银行出具下列证明文件之一：

(1)经有权部门批准立项的文件；

(2)国家有关文件的规定。

任务三 熟知银行存款账户的开设

(1)填写由银行统一印制的开户申请表并加盖单位全称的公章，“银行开户申请表”见表4-1。

表4-1 银行开户申请表

<table>
<tr><td>申请开户
单位全称</td><td colspan="4"></td><td>地址</td><td colspan="3"></td></tr>
<tr><td>单位性质</td><td colspan="4"></td><td>经营范围</td><td colspan="3"></td></tr>
<tr><td>申请开户
单位公章
法人代表</td><td colspan="4">（签章）
年 月 日</td><td>开户银行
审查意见</td><td colspan="3">（签字盖章）
年 月 日</td></tr>
<tr><td>账户性质</td><td></td><td colspan="2">账号</td><td></td><td>联系电话</td><td></td><td>联系人</td><td></td></tr>
<tr><td rowspan="2">营业执照</td><td colspan="2">发证机关</td><td colspan="4"></td><td colspan="2" rowspan="2">开户时间
年 月 日</td></tr>
<tr><td colspan="2">编号</td><td colspan="4"></td></tr>
</table>

(2)交付有关文件和证明。

(3)预留印鉴卡。印鉴卡是开户单位与银行事先约定的一种具有法律效力的付款依据，印鉴卡上的户名和地址应与申请表一致，卡片上要加盖开户单位公章、单位负责人或财务机构负责人及出纳人员的印章。银行在办理结算业务时，凭开户单位预留的印鉴审核支付凭证的真伪。“银行印鉴卡”格式见表4-2。

表 4-2

银行印鉴卡

<table>
<tr><td colspan="2">户名</td><td colspan="2"></td><td>账号</td><td></td></tr>
<tr><td>地址</td><td></td><td>联系电话</td><td></td><td>联系人</td><td></td></tr>
<tr><td>启用日期</td><td colspan="2"></td><td>注销日期</td><td colspan="2"></td></tr>
<tr><td colspan="4">申请开户单位印鉴</td><td colspan="2">银行印鉴</td></tr>
<tr><td rowspan="2" colspan="2">单位财务专用章</td><td colspan="2">财务主管签章</td><td rowspan="2" colspan="2"></td></tr>
<tr><td colspan="2">出纳人员签章</td></tr>
<tr><td colspan="6">印鉴使用说明：</td></tr>
</table>

印鉴卡一式两份：一份开户单位留存，另一份开户银行留存。

(4)银行对申请表、有关证明及印鉴卡审核无误后确定账号，同意开户。

任务四 熟知银行存款账户的撤销

存款人如需改变账户名称，应先撤销原账户，按规定重新开立新账户。存款人撤销账户时，必须与开户银行核对账户余额，经开户银行审查同意后，由存款人填制一式四联的“单位申请撤销(转)银行账户审批表”，办理销户手续。存款人销户时应交回各种空白凭证和开户许可证。“单位申请撤销(转)银行账户审批表”格式如表 4-3 所示。

表 4-3

单位申请撤销(转)银行账户审批表

<table>
<tr><td rowspan="5">单位
基本
情况</td><td>单位全称</td><td colspan="2"></td><td>地址</td><td colspan="2"></td></tr>
<tr><td>开户行</td><td></td><td>账号</td><td></td><td>账户性质</td><td></td></tr>
<tr><td>经济性质</td><td></td><td>经济类型</td><td></td><td>核算形式</td><td></td></tr>
<tr><td>法人代表</td><td></td><td>财务负责</td><td></td><td></td><td></td></tr>
<tr><td>有关文件</td><td></td><td>证件文号</td><td></td><td>注册资本</td><td></td></tr>
<tr><td>销户
或转
户理
由</td><td colspan="6">单位(公章)
年 月 日</td></tr>
<tr><td>开户
银行
审核
意见</td><td colspan="3">账务管理专用章
负责人：签章
经办人：签章
年 月 日</td><td>预留银
行印鉴</td><td colspan="2"></td></tr>
<tr><td>人民
银行
审核
意见</td><td colspan="6">账务专用章
负责人：签章
年 月 日</td></tr>
</table>

另外，如果存款人开户一年未发生收付活动的账户，银行应通知存款人在发出通知30日内办理销户手续，逾期视同自愿销户。

任务五 熟知银行存款账户的管理

为了规范银行账户的开立和使用，维护经济、金融秩序，银行存款的管理必须注意以下几点：

(1)存款人不得在多家银行机构开立基本存款账户，不允许在同一家银行的几个分支机构开立一般存款账户；

(2)存款人的账户只能办理存款人本身的业务，不得出租、出借和转让账户；

(3)各单位在银行的账户必须有足够的资金保证支付，不许签发空头支票和远期支票，套取银行信用；

(4)不准签发、取得和转让没有真实交易和债权、债务的票据，套取银行和他人的资金。

为了加强银行存款的管理，必须建立和健全银行存款的内部控制制度。各单位对银行存款要加强审批、认真稽核和监督，建立健全以下内部控制制度：

(1)授权和审批制度。单位主管人员和财务主管人员需对即将发生的银行存款收付业务进行审批，并授权具体人员经办。

(2)记录和审批制度。出纳人员根据审批无误的银行存款收付业务的原始凭证，办理银行存款结算业务，并在原始凭证和结算凭证上加盖“收讫”、“付讫”戳记，会计人员根据审核无误的原始凭证编制记账凭证，经财会主管人员或有关授权人员对原始凭证、记账凭证审核签字后，出纳人员据此登记银行存款日记账，会计人员据此登记总账。

(3)内部牵制制度。为了保障银行存款的安全，在银行存款管理中不相容的职务应由不同人担任。如银行存款收付业务的经办人应与授权、审查记账人员相分离；票据保管要与印章保管和票据签发职务相分离；银行存款日记账的登记职位要与银行存款收付凭证的填制和登记总账职位相分离。

任务六 熟知银行存款收付凭证及其处理程序

一、银行存款收付凭证

银行存款收付凭证是出纳办理银行存款收付业务的主要依据，包括原始凭证和记账凭证。银行存款的原始凭证主要是各种票据和银行结算凭证，如银行汇票、商业汇票、支票等。银行存款的记账凭证是指根据原始凭证编制的银行存款收款凭证和付款凭证。

二、银行存款收付业务处理程序

银行存款的结算方式有许多种，不同的结算方法其业务处理程序也会有所不同，但归纳起来主要有以下几个步骤：

(1)由业务部门负责人，根据业务需要，按照有关结算规定，授权经办人员办理涉及银行存款收付的经济业务或往来款项的收付。

(2)经办人员在具体办理有关经济业务时，应事先与对方商定结算的方式和结算的时间，并以合同或其他契约方式予以明确。然后按照财务制度的有关规定，填制或取得原始凭证（如销货发票），并在原始凭证上签字或盖章。

(3)财务部指定专人负责审核原始凭证的真实性、合法性和合规性后，对于真实、合法和合规的原始凭证批准办理银行存款收支结算。

(4)出纳人员根据会计人员审核签章的原始凭证，按照会计制度规定的手续和合同规定的结算方式填制或取得银行存款结算凭证，及时办理结算业务。

(5)会计主管或指定人员将结算凭证回单联与原始凭证核对无误后签章，交会计人员编制记账凭证。

(6)会计人员根据审核无误的结算凭证和原始凭证编制银行存款收款凭证和付款凭证，交有关稽核人员复核。

(7)有关稽核人员复核银行存款收款凭证和付款凭证并签章，交出纳人员登记银行存款日记账，然后交会计人员登记有关明细账和总账。

(8)月末，核对银行存款日记账和银行存款对账单，编制“银行存款余额调节表”。同时将银行存款日记账和有关的总账以及明细账进行核对，如有差错，应及时报经批准后予以处理。

三、出纳人员银行存款收付业务处理程序

(一)银行存款收款业务处理程序

(1)复核银行存款的原始凭证；

(2)填制“进账单”一式两联，和原始凭证一起送交银行办理转账；

(3)复核银行存款收款凭证；

(4)根据银行存款收款凭证登记银行存款日记账和银行收款日记账。

(二)银行存款付款业务处理程序

(1)复核付款原始凭证的合法性、真实性和准确性；

(2)填写付出票据登记簿，详细记载付款的日期、结算种类、内容及付款的金额；

(3)填写支票及结算凭证；

(4)到银行办理转账或结算手续；

(5)根据付款凭证登记银行存款日记账。

任务七　熟知银行存款账簿及其核对

银行存款账簿包括银行存款总账和银行存款日记账。银行存款总账由会计负责登记。出纳负责登记银行存款日记账，银行存款日记账的登记要求与现金日记账的登记相似，这里不再重复。月份终了，会计要与出纳对账，银行存款总账的余额应与银行存款日记账余额核对相符。

银行存款的核对主要是指银行存款的日记账与有关收付款凭证的核对，银行存款日记账与银行存款对账单的核对。

一、银行存款的账实核对

“银行存款日记账”与“银行存款对账单”至少每月核对一次，先由开户银行定期将“对

账单”提供给各开户单位，一般先由管理银行存款的出纳人员将“对账单”与自己的银行存款日记账，就凭证的种类、编号、摘要内容、方向、金额等逐笔、逐项进行核对，凡是核对相符的，分别在各自有关数额边上打“√”作为标记。出纳人员核对结束后应由会计主管人员或其指定人员进行复核，复核人员应特别注意：单位银行存款账面余额核对相符后，也应将收入、付出款项逐笔核对，以防止盗用单位银行账号、非法代收代付现象的发生。核对结束，没有在双方账单中打“√”标记的，则为双方不符的款项。如属本单位差错，应用错账更正法更正后重新登记入账；如属于银行方差错，应立即与银行取得联系，核查更正；如果双方记账都没有差错，但双方账目仍不一致，则说明企业与银行之间存在未达账项。所谓未达账项是指企业与银行之间，由于收到银行收、付款结算凭证的时间不同而产生一方已经收到凭证入账，而另一方因没有收到凭证而尚未入账的款项。未达账项主要有以下四种：

(1)银行已收款入账，而企业因尚未收到银行的收款通知，因而尚未入账，如委托收款。

(2)银行已经付款入账，而企业因尚未收到银行的付款通知，因而尚未入账，如银行借款利息的扣除。

(3)企业已收款入账，而银行因未办入账手续而尚未入账，如企业收到外单位转账支票，填制“进账单”送存银行，根据“进账单”回单联记银行存款增加，而银行必须在办妥转账手续后才能入账。

(4)企业已付款入账，而银行因尚未支付因而未入账，如企业开出转账支票，根据支票存根记银行存款减少，而持票人尚未到银行办理提现或转账，所以银行尚未入账。

二、银行存款余额调节表的编制

为了核实银行存款账面余额，企业在收到银行送来的对账单时，应及时编制“银行存款余额调节表”。“银行存款余额调节表”一般是在银行与企业的账面余额的基础上，各自加上对方已收、本单位未收账项的数额，减去对方已付、本单位未付账项的数额，以调整双方余额使其一致的一种方法。

“银行存款余额调节表”主要是为了查明企业与银行间的往来账目是否均无差错，不能作为记账的凭证，未达账项是银行存款收付业务中的正常现象，月末无需调整，要待银行结算凭证到达后才能入账。

【例4-1】 A公司2010年12月31日银行存款账面余额为89 000元，而银行对账单存款余额为97 750元，经逐笔核对发现下列未达账项：

(1)12月30日企业开出转账支票一张，金额为8 000元，银行尚未入账；

(2)12月31日银行代付水电费1 350元，企业尚未收到付款通知；

(3)12月31日企业收到转账支票一张，金额6 300元，送存银行，银行尚未办妥入账手续；

(4)12月31日银行代企业收回销货款8 400元，企业未收到收款通知。

根据以上业务编制A公司“银行存款余额调节表”如表4-4所示。

表 4-4　　**银行存款余款调节表**

2010 年 12 月 31 日

银行存款日记余额	89 000	银行存款对账单余额	97 750
加：银行已收企业未收	8 400	加：企业已收银行未收	6 300
减：银行已付企业未付	1 350	减：企业已付银行未付	8 000
调整后余额	96 050	调整后余额	96 050

为了便于核对银行往来账目，出纳人员在登记银行存款日记账时，如果记账凭证的编制日期和银行转账日期(即银行结算凭证上的日期)不一致，在摘要栏内应记录实际转账日期。

项目二　支票结算

任务一　了解支票

支票是出票人签发的，委托办理支票存款业务的银行在见票时无条件支付确定的金额给收款人或者持票人的票据。单位、个体经济户和个人在同一票据交换区域内的商品交易和劳务供应及其他款项的结算均可使用支票。

支票有现金支票、转账支票、普通支票三种。支票上印有“现金”字样的为现金支票，现金支票只能用于支取现金；支票上印有“转账”字样的为转账支票，转账支票只能用于转账；未印有“现金”和“转账”字样的支票为普通支票，普通支票可用于支取现金，也可用于转账。在普通支票的左上角画两条平行斜线的，为画线支票，画线支票只能用于转账，不得支取现金。未经画线的支票，在不违反国家现金管理的前提下，既可以用于支取现金，也可以用于转账。支票一经画线，不得更改。现金支票样本如图 4-1 所示，现金支票背面如图 4-2 所示。

中国工商银行
现金支票存根　（鄂）
XⅣ87234657
附加信息

出票日期　年　月　日
收款人：
金　额：
用　途：
单位主管　　会计

中国工商银行　现金支票　（鄂）　XⅣ87234657
出票日期（大写）　年　月　日　付款行名称：
收款人：　出票人账号：
本支票付款期限十天
人民币（大写）　亿 千 百 十 万 千 百 十 元 角 分
用途
上列款项请从
我账户内支付
出票人签章　复核　记账

图 4-1　现金支票

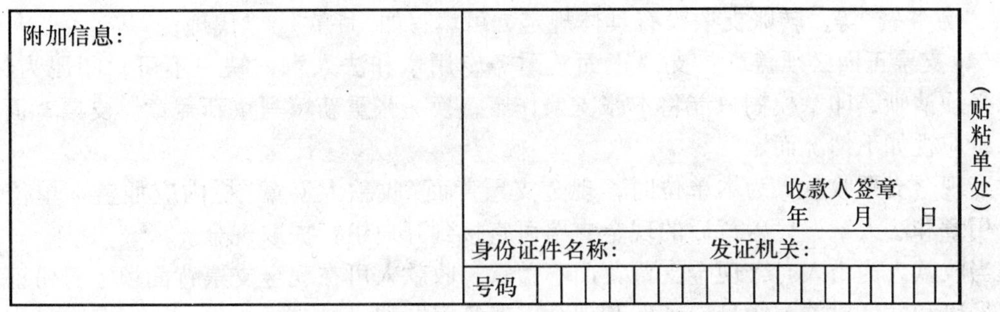
附加信息：	收款人签章 年　月　日	（贴粘单处）
	身份证件名称：　　发证机关：	
	号码	

图4-2　现金支票背面

任务二　熟知支票的有关规定

一、支票的使用规定

(1)支票的签发必须记载下列事项：①表明“支票”字样；②无条件支付委托；③确定的金额；④付款人名称；⑤出票日期和出票人签章。

欠缺记载上列事项之一的支票为无效支票。支票的付款人为支票上记载的出票人开户银行。

(2)支票的金额、收款人名称可以由出票人授权补记，未补记前不得背书转让和提示付款。

(3)签发支票应使用墨汁或碳素墨水填写。

(4)签发现金支票和用于支取现金的普通支票，必须符合国家现金管理规定。

(5)支票一律记名，提示付款期为10天(从签发的次日算起，到期日遇固定假日顺延)。

(6)用于支取现金的现金支票和未画线的普通支票均不得背书转让。转账支票和画线支票可以在票据交换区域内背书转让，未画线的普通支票如背书转让则不能用于支取现金，支票若遗失可挂失止付。

(7)出票人不准签发远期支票和空头支票；不得签发与其预留银行签章不符的支票，如出票人使用支付密码的不得签发与支付密码不符的支票。否则，银行将按票面金额处以5%但不低于1000元的罚款；持票人有权要求出票人按票面金额的2%进行赔偿。

(8)只有存款人才可以领购支票凭证。存款人领购支票时，必须填写“票据和结算凭证领用单”并签章，签章必须与预留银行的签章相符。

二、支票填写应注意的几个问题

(1)出票日期必须大写，大写数字写法：零、壹、贰、叁、肆、伍、陆、柒、捌、玖、拾。如2008年8月5日，贰零零捌年捌月零伍日，捌月前零字可写也可不写，伍日前的零字必写。

(2)应在人民币小写的最高金额的前一位空白格填上“￥”字符号，数字填写要求完整清楚。

(3)“用途”要正确填写。现金支票有一定限制，一般填写“备用金”、“差旅费”、“工资”、“劳务费”等。转账支票没有具体规定，可填写如“货款”、“代理费”等。

(4)支票正面必须盖章：支票正面盖财务专用章和法人章，缺一不可，印泥为红色，印章必须清晰，印章模糊只能将本张支票作废，换一张重新填写重新盖章。支票背面是否盖章，应视如下情况而定：

当现金支票收款人为本单位时，现金支票背面“收款人签章”栏内应加盖本单位的财务专用章和法人章，凭盖章后的现金支票可直接到开户银行提取现金。

当收款人为个人时，现金支票背面不盖章，收款人可在现金支票背面填上身份证件名称、号码和发证机关，凭身份证件和现金支票签字取款。

转账支票背面本单位不盖章。收款单位取得转账支票后，在支票背面被背书栏内加盖收款单位财务专用章和法人章，并连同填写好的“银行进账单”交收款单位的开户银行委托其收款(见表4-5)。

表4-5

中国工商银行 进账单(回 单) 1

年 月 日 第 号

出票人	全称		收款人	全称	
	账号			账号	
	开户银行			开户银行	
人民币(大写)				千 百 十 万 千 百 十 元 角 分	
票据种类					
票据张数					
单位主管 会计 复核 记账			出票人开户行盖章		

此联是出票人开户银行交给出票人的回单

(5)支票正面不能有涂改痕迹，否则作废。

(6)支票的金额、收款人名称，可以由出票人授权补记。未补记前不得背书转让和提示付款。

三、支票结算的基本程序

(一)现金支票结算的基本程序

(1)开户单位用现金支票提取现金时，由单位出纳人员签发现金支票并加盖银行预留印鉴后，到开户银行提取现金。

(2)开户单位用现金支票向外单位或个人支付现金时，由付款单位出纳人员签发现金支票并加盖银行预留印鉴和注明收款人后交收款人，收款人持现金支票到付款单位开户银行提取现金，并按照银行的要求交验相关证件。

（二）转账支票结算的基本程序

1. 由签发人交收款人办理结算

其结算程序为：

(1)付款人签发转账支票交收款人；

(2)收款人持票并填进账单到开户行办理入账；

(3)银行间办理划拨；

(4)收款人开户银行下收款通知。

2. 由签发人交签发人开户银行办理结算

其结算程序如下：

(1)签发转账支票并填进账单办理转账；

(2)银行间办理划拨；

(3)收款人开户银行下收款通知。

支票流转程序如图4-3所示：

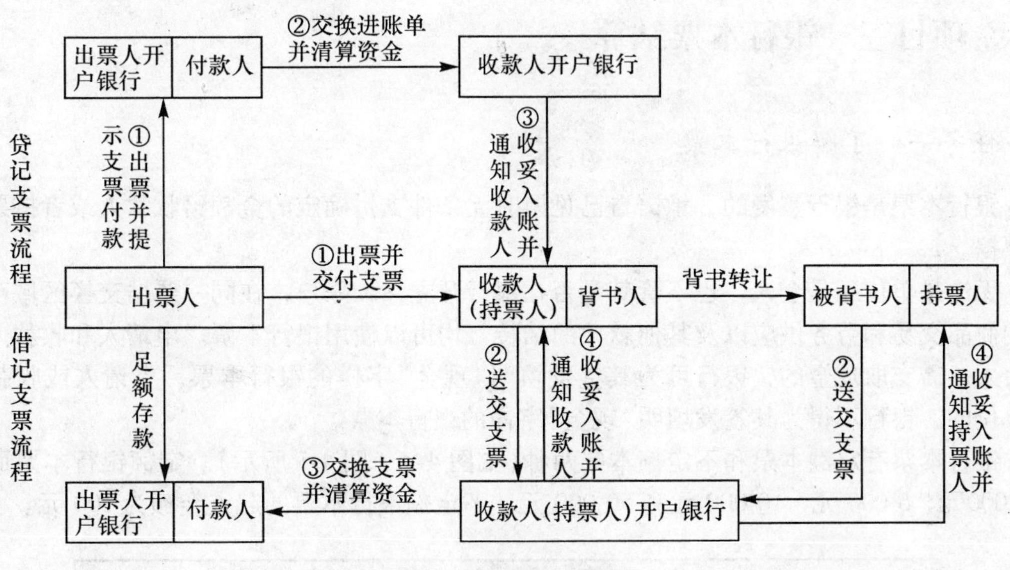

图4-3 支票流转程序图

（三）支票退票的处理

支票退票是指由于支票的内容记载不完整、书写不规范等原因出票人的开户银行不予支付，并将支票退还持票人的情况。《银行支付结算办法》规定："出票人签发空头支票、签章与预留银行签章不符的支票、使用支付密码时，支付密码错误的支票，银行应予以退票，并按票面金额处以5%但不低于1 000元的罚款；持票人有权要求出票人赔偿支票金额2%的赔偿金。对屡次签发的，银行应停止其签发支票。"为此，出现支票退票时，持票人应向前手或出票人追索票款，并按规定索赔。

支票退票的主要原因有：

(1)出票人存款不足，出现空头支票；

(2)出票人签章与预留银行签章不符的支票；

(3)密码支票未填密码或密码填写错误的支票；

(4)远期支票；

(5)因票面污损导致出票人提示付款签章处、票面金额、出票日期和收款人名称等确实无法辨认的支票；

(6)票据要素使用圆珠笔填写的支票；

(7)最后持票人与委托收款背书不符的支票；

(8)超出出票人的放款批准额度或经费限额的支票；

(9)未填写收款人或填错收款人的支票；

(10)超过提示付款期或日期为小写的支票；

(11)支票内容涂改的支票；

(12)出票人已撤销此银行账户的支票；

(13)出票人已申请挂失止付的支票。

项目三 银行本票结算

任务一 了解银行本票

银行本票是银行签发的，承诺自己见票时无条件支付确定的金额给收款人或者持票人的票据。

无论是单位还是个人，也不管其是否在银行开立存款账户，在同一票据交换区域范围内的商品交易和劳务供应以及其他款项的结转，均可以使用银行本票。申请人和收款人均为个人，需支取现金的，银行可为其签发填明“现金”字样的银行本票，申请人或收款人为单位的，银行不得为其签发填明“现金”字样的银行本票。

银行本票有定额本票和不定额本票两种(如图4-4、图4-5所示)。定额银行本票面额为1 000元、5 000元、10 000元和50 000元。不定额银行本票的起点金额为100元。

交通银行
本票
付款期
贰个月
签发日期
(大写)
¥1000
壹仟圆整
本票专用章

图4-4 定额银行本票票样

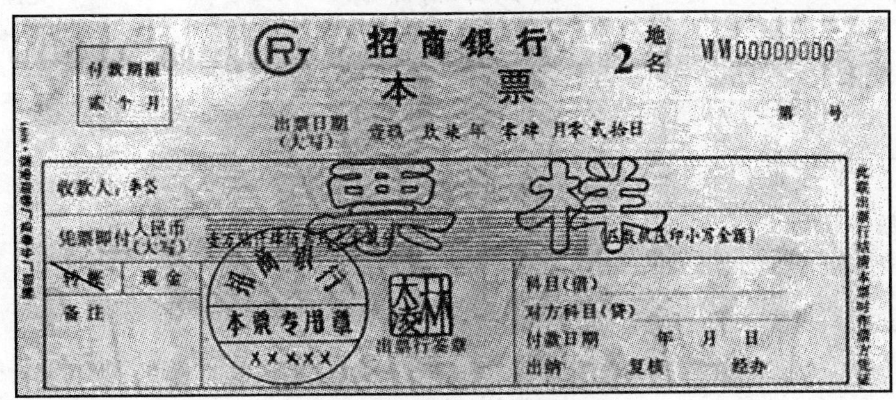

图 4-5　不定额银行本票票样

任务二　熟知银行本票管理

一、银行本票结算的有关规定

(1) 签发银行本票必须载明下列事项，否则银行本票无效：①表明“银行本票”字样；②无条件支付的承诺；③确定的金额；④收款人名称；⑤出票日期；⑥出票人签章。

(2) 银行本票可以转让也可以用于支取现金。

(3) 银行本票见票即付。

(4) 银行本票的提示付款期限自出票日起最长不得超过 2 个月。

(5) 银行本票可以背书转让。

(6) 注明“现金”字样的银行本票只能向出票银行支取现金。

(7) 填明“现金”字样的银行本票可以挂失止付，未填明“现金”字样的银行本票不得挂失止付；银行本票若丧失后，失票人可依法向签发银行所在地的基层人民法院申请公示催告，或向人民法院提出诉讼，凭人民法院出具的失票人享有票据权利的证明或票据权利裁决书，在银行本票提示付款期满 1 个月后，向签发银行申请兑付或退款。

(8) 银行本票核算应通过“其他货币资金——银行本票存款”账户。采用银行本票方式的，收款单位按规定受理银行本票后，应将本票连同进账单送交银行办理转账，根据银行盖章退回的进账单第一联和有关凭证编制收款凭证；付款单位在填送“银行本票申请书”并将款项交存银行，收到银行签发的银行本票后，根据申请书存根联编制付款凭证，企业因银行本票超过付款期限或其他原因要求退款时，在交回本票和填制的进账单经银行审核盖章后，根据进账单第一联编制收款凭证。

二、银行本票结算的基本程序

(1) 申请。申请人使用银行本票，应先填写“银行本票申请书”，详细填明收款人名称，如需支取现金的应填明“现金”字样，在申请书的第二联加盖预留印鉴后，向银行办理转账交款，“银行本票申请书”格式见表 4-6。

表 4-6 **××银行本票** AA439053

申请书(存根)

申请日期　　年　　月　　日

收款人＿＿＿＿＿＿＿＿　本票号码＿＿＿＿＿＿＿＿

本票金额 人民币　　　　　代　理

(大写)＿＿＿＿＿＿＿＿　付款行＿＿＿＿＿＿＿＿

备注:　　　　　　　　　　申请人名称＿＿＿＿＿＿＿＿

申请人账号(或住址)＿＿＿＿＿＿＿＿

银行出纳　　复核　　记账　　验印

①此联申请人留存

(2)签发本票。银行收到银行本票申请书，在收妥款项后，签发银行本票，收款人若为单位，如需转账的，在银行本票上划去“现金”字样，不定额银行本票需用压数机压印金额。

(3)银行本票的付款。收款人对收到的银行本票审核无误后，填制进账单送交开户银行办理转账，如果收款人未在银行开户的，凭填明“现金”字样的银行本票，在其背面签字盖章，并交验有关身份证件后，向银行支取现金。银行本票流转程序如图 4-6 所示。

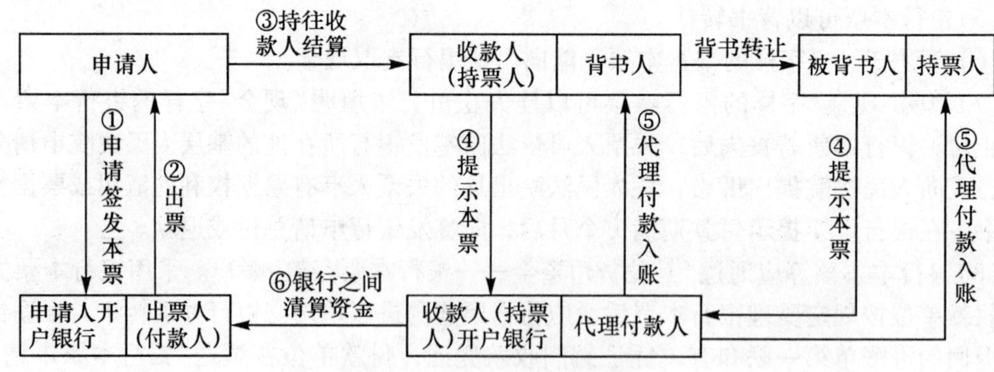

图 4-6　银行本票流转程序图

三、银行本票的背书转让

银行本票的持有人转让本票，应在本票背面“背书”栏内背书，加盖本单位预留银行印鉴，注明背书日期，在“被背书人”栏内填写受票单位名称，之后将银行本票直接交给被背书单位，同时向被背书单位交验有关证件，以便被背书单位查验。被背书单位对收受的银行本票应认真进行审查，其审查内容与收款单位审查内容相同。

银行本票的背书规定如下:

(1)背书应记载在本票的背面或粘单上，由背书人签章、记明被背书人名称和背书日期。如背书未记明日期的，视为在本票到期日之前背书。粘单上的第一记载人应在本票和粘单的粘接处盖章。

(2)本票的背书转让，必须为票据的全额，对本票金额的一部分所作的背书或者将本票金额分别转让给两人以上的背书无效。

(3)背书必须连续，即银行本票上的任意一个被背书人就是紧随其后的背书人，并连续不断。

(4)背书不得附有条件，如附有条件的，其条件视为没有记载。如本票的签发人在其正面记明“不准转让”字样的，该本票不得转让。背书人亦可记明“不准转让”字样，以禁止再转让，如其后手再背书并将本票转让他人，原背书人对其后的被背书人不负保证付款的责任。

(5)已经拒绝付款的本票和已逾付款期的本票，不得再背书转让。

四、银行本票的退款处理

银行本票见票即付，其流动性极强，除非填明“现金”字样，否则银行不予挂失。一旦遗失或被窃，被人冒领款项，后果由银行本票持有人自负。所以银行本票持有人必须像对待现金那样，认真、妥善保管银行本票，防止遗失或被窃。

按照规定，超过付款期限的银行本票，如果同时具备下列两个条件的，可以办理退款：一是该银行本票由签发银行签发后未曾背书转让；二是持票人为银行本票的收款单位。付款单位办理退款手续时，应填制一式三联进账单连同银行本票一并送交签发银行，签发银行审查同意后在第一联进账单上加盖“业务”公章，第三联进账单加盖“转讫”章退给付款单位作为收账通知。

项目四　银行汇票结算

任务一　了解银行汇票

银行汇票是由出票银行签发的，由其在见票时按照实际结算金额无条件支付给收款人或者持票人的票据。单位和个人之间各种款项的结算均可使用银行汇票。银行汇票可用于转账，填明“现金”字样的银行汇票也可支取现金。

任务二　熟知银行汇票管理

一、银行汇票的有关规定

(1)签发银行汇票必须载明下列事项：①表明“银行汇票”字样；②无条件支付承诺；③出票金额；④付款人名称；⑤收款人名称；⑥出票日期；⑦出票人签章。

银行汇票的金额有出票金额、实际结转金额和多余金额三种，多余金额应由出票银行退交申请人。

(2)银行汇票见票即付。付款提示期限为出票日起1个月。按月对日计算，到期遇固定假日顺延。

(3)银行汇票的实际结算金额不得更改，否则银行汇票无效。

(4)填明“现金”字样的银行汇票丢失，失票人可到代理付款行或出票行填制“挂失止付通知书”办理挂失延付。未填明“现金”字样的转账银行汇票丢失，不得挂失延付，失票人可以凭人民法院出具的其享有票据权利的证明，向其票据银行要求付款或退款。

(5)银行汇票可以背书转让，但下列四种银行汇票不得背书转让：

① 填明“现金”字样的银行汇票；

② 出票人在票据正面记载“不得转让”字样的票据；

③ 被拒绝承兑、拒绝付款或超过付款提示期限的票据；

④ 未填写实际结转金额或实际结转金额超过出票金额的票据。

(6)银行汇票一律记名。

(7)银行汇票核算应通过“其他货币资金——银行汇票存款”账户。采用银行汇票结算方式，收款单位应当将汇票、解讫通知和进账单送交银行，根据银行退回的进账单回单和有关的原始凭证编制收款凭证；付款单位应在收到银行签发的银行汇票后，根据“银行汇票申请书”存根联编制付款凭证。如有多余款项或因汇票超过付款期等原因而退款时，应根据银行的多余款收账通知编制收款凭证。

二、银行汇票结算程序

(1)汇票人申请办理银行汇票，必须填写“银行汇票申请书”，详细填明兑付地点、收款人名称、用途等各项内容。不能确定收款人的应填写汇款人指定人员的名称；如需在兑付地点支取现金的，必须填明兑付银行名称，并在“汇款金额”栏先填写“现金”字样，然后填写汇款金额；确定不得转汇的应在备注栏内注明。“银行汇票申请书”一式三联：第一联是存根，由汇款人留存作记账凭证；第二联是支出凭证，作为签发银行办理汇票的付出凭证；第三联是收入凭证，由签发行作为汇款收入凭证。“银行汇票申请书”格式见图4-7：

中国建设银行汇票申请书（存根）

申请日期　　年　　月　　日　　　　9855335

申请人		收款人	
账　号 或住址		账　号 或住址	
用　途		代　理 付款行	
汇票金额	人民币 （大写）	千 百 十 万 千 百 十 元 角 分	

备注：	科　　目____________ 对方科目____________ 财务主管　　复核　　经办

第一联：申请人留存

图4-7

开户银行受理“银行汇票委托书”，收妥款项后，签发银行汇票，见图4-8。

<table>
<tr><td colspan="4">付款期限 壹个月　　中国工商银行 银行汇票　　2　地名 BA/01 00000000</td><td rowspan="9">此联代理付款行付款后作联行往账借方凭证附件</td></tr>
<tr><td colspan="2">出票日期（大写）　年　月　日</td><td colspan="2">代理付款行：　账号：</td></tr>
<tr><td colspan="4">收款人：　账号：</td></tr>
<tr><td colspan="4">出票金额 人民币（大写）</td></tr>
<tr><td colspan="3">实际结算金额 人民币（大写）　票样</td><td>千 百 十 万 千 百 十 元 角 分</td></tr>
<tr><td colspan="2">申请人：</td><td colspan="2">账号：</td></tr>
<tr><td>出票行：</td><td>行号：</td><td colspan="2">密押：</td></tr>
<tr><td colspan="2">备　注：</td><td colspan="2">多余金额
千 百 十 万 千 百 十 元 角 分</td></tr>
<tr><td colspan="2">凭票付款
出票行签单</td><td colspan="2">复核　记账</td></tr>
</table>

图4-8

银行汇票背面见图4-9。

被背书人	被背书人
被书人签章 年　月　日	被书人签章 年　月　日

图4-9

(2)汇款人持“银行汇票”联和“银行汇票解讫通知”联即可办理转账结算或支取现金，如果银行汇票的收款单位填写的是指定人员姓名(即持票人)，持票人即可持票到兑付银行办理转账手续，也可背书转让给收款单位。办理背书转让手续时，持票人需出示身份证等能证明身份的证件，并在汇票背面填写证件名称及号码、发证机关等内容，在背书栏内签字盖章并填写被背书人姓名，由被背书人签章后持往开户银行办理结算。持票人在采购物资时如需分次付款的，可将“银行汇票”联和“银行汇票解讫通知”联，连同本人身份证件送交兑付银行，申请开立分次支付款项的“临时存款户”，该账户只取不存，付完清户，没有存款利息。

(3)收款人收到银行汇票后，首先应审核银行汇票。审核的内容主要包括：收款人或被背书人是否确为本收款人；银行汇票是否在付款期内，日期、金额等填写是否正确；印章是否清晰；金额是否由压数机压印；银行汇票联和解讫通知联是否齐全，内容是否一致；汇款人和背书人的证明或证件有无差错，背书人证件上的姓名是否与其背书人相符。在对银行汇票审核无误后，在其实际结算金额栏内填写实际结算金额，在银行汇票背面盖章后连同解讫通知、进账单一起送交银行。如果实际结算金额小于汇款金额，多余款项由签发银行退交收款人。

专家提示：银行汇票的拒收

银行在收到收款人提交的银行汇票时，经过审查发现有下列情况的，将予以拒付：

1. 伪造、变造(凭证、印单、压数机)的银行汇票；
2. 非总行统一印制的全国通汇的银行汇票；
3. 超过付款期的银行汇票；
4. 缺汇票联或解讫通知联的银行汇票；
5. 汇票背书不完整、不连续的；
6. 涂改、更改汇票签发日期、收款人、汇款大写金额的；
7. 已经银行挂失、止付的现金银行汇票；
8. 汇票残损、污染严重无法辨认的。

对拒付的汇票银行将退还给持票人。对伪造、变造以及涂改的汇票，银行除了拒付以外，还报告有关部门进行查处。银行汇票流转程序如图 4-10 所示。

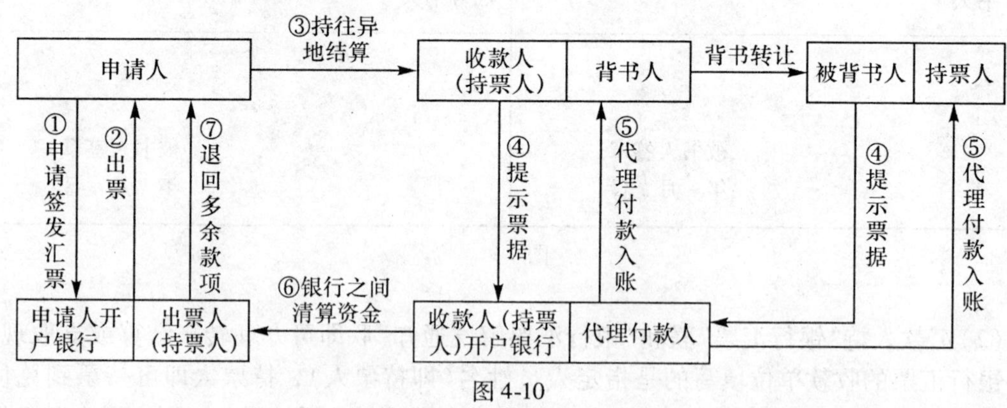

图 4-10

三、银行汇票丢失的处理

(1)如果收款单位(或持票人)丢失的银行汇票是已填写收款单位名称，但没有指定汇入行的转账汇票，则可这样处理：由于这种汇票没有指定汇入银行，而且可以直接到收款单位去提货，所以，银行不予挂失，但可向收款单位说明情况，请求其协助防范。如果丢失的是填写持票人名称的转账汇票，由于这种汇票可以背书转让，没有确定收款和兑付银行，所以很难找到对方单位请求协助，可以要求银行予以协助。

(2)如果收款单位丢失的是可以支取现金的银行汇票，则可以向银行申请挂失。单位向银行申请挂失时，应填写一式三联“汇票挂失申请书”，送交汇票指定的兑付银行或签发银行申请挂失止付。经银行审查同意后，挂失申请单位向银行交付手续费，银行办理挂失手续并迅速与汇款单位联系，说明汇票丢失情况，请其另行汇款，以便及时办理结算。

(3)汇款单位采购员自行丢失现金汇票向银行申请挂失的，也应填写一式三联"汇票挂失申请书"向兑付银行办理挂失，取得银行受理挂失的回单后，立即将汇票挂失回单交给本单位财会部门妥善保管，待付款期满一个月后，确未冒领的由汇票签发银行办理退汇。

项目五　汇兑结算

任务一　了解汇兑

一、汇兑的概念

汇兑是汇款人委托银行将其款项支付给收款人的结算方式。适用于单位、个体经济户和个人的各种款项结转。汇兑的委托日期是汇款人向汇出银行提交汇兑凭证当日。

汇兑按款项结转方式不同分为信汇和电汇两种。汇款人委托银行通过邮寄方式将款项划给收款人叫信汇；汇款人委托银行通过电子结算系统将款项划给收款人叫电汇。

(1)采用信汇时，汇款单位出纳员应填制一式四联"信汇凭证"。"信汇凭证"第一联(回单)，是汇出行受理信汇凭证后给汇款人的回单；第二联(借方凭证)，是汇款人委托开户银行办理清汇时转账付款的支付凭证；第三联(贷方凭证)，是汇入行将款项汇入收款人账户后的收款凭证；第四联(收账通知)，是在直接记入收款人账户后通知收款人的收款通知，或不直接记入收款人账户时收款人凭以领取款项的取款收据。

(2)采用电汇时，汇款单位出纳员应填制一式三联的"电汇凭证"。"电汇凭证"第一联(回单)，是汇出行给汇款人的回单；第二联(借方凭证)，为汇出银行办理转账付款的支款凭证；第三联(汇款依据)，是汇出行向汇入行电传的凭据。

电汇凭证格式如表4-7所示。

表4-7　**工商银行　电汇凭证(借方凭证)　2**

币别：　　　　　　　　　　年　月　日　　　流水号：

<table>
<tr><td colspan="2">汇款方式</td><td colspan="2">□普通　　□加急</td><td colspan="13"></td><td rowspan="7">此联汇出行作借方凭证</td></tr>
<tr><td rowspan="3">汇款人</td><td>全称</td><td colspan="2"></td><td rowspan="3">收款人</td><td>全称</td><td colspan="11"></td></tr>
<tr><td>账号</td><td colspan="2"></td><td>账号</td><td colspan="11"></td></tr>
<tr><td>汇出行名称</td><td colspan="2"></td><td>汇入行名称</td><td colspan="11"></td></tr>
<tr><td rowspan="2">金额</td><td rowspan="2">(大写)</td><td colspan="4" rowspan="2"></td><td>亿</td><td>千</td><td>百</td><td>十</td><td>万</td><td>千</td><td>百</td><td>十</td><td>元</td><td>角</td><td>分</td></tr>
<tr><td></td><td></td><td></td><td></td><td></td><td></td><td></td><td></td><td></td><td></td><td></td></tr>
<tr><td colspan="3"></td><td colspan="14">支付密码
附加信息及用途：

复核　　记账</td></tr>
</table>

信汇凭证如表4-8所示。

表4-8 ××银行 信汇凭证(借方凭证) 2

委托日期 年 月 日

<table>
<tr><td rowspan="3">汇款人</td><td>全称</td><td colspan="7"></td><td rowspan="3">收款人</td><td>全称</td><td colspan="11"></td><td rowspan="6">此联汇出行作借方凭证</td></tr>
<tr><td>账号</td><td colspan="7"></td><td>账号</td><td colspan="11"></td></tr>
<tr><td>汇出地点</td><td colspan="7">省 市/县</td><td>汇入地点</td><td colspan="11">省 市/县</td></tr>
<tr><td colspan="2">汇出行名称</td><td colspan="7"></td><td colspan="2">汇入行名称</td><td colspan="11"></td></tr>
<tr><td rowspan="2">金额</td><td colspan="8" rowspan="2">人民币
(大写)</td><td colspan="2" rowspan="2"></td><td>亿</td><td>千</td><td>百</td><td>十</td><td>万</td><td>千</td><td>百</td><td>十</td><td>元</td><td>角</td><td>分</td></tr>
<tr><td></td><td></td><td></td><td></td><td></td><td></td><td></td><td></td><td></td><td></td><td></td></tr>
<tr><td colspan="9">此汇款支付给收款人:

汇款人签章</td><td colspan="13">支付密码
附加信息及用途:

复核 记账</td><td></td></tr>
</table>

专家提示:

在实际工作中，由于银行电子结算系统比较完善，信汇结算方式已不再使用。

二、汇兑结算的特点

(1)汇兑结算，无论是信汇还是电汇，都没有金额起点的限制。

(2)汇兑结算属于汇款人向异地主动付款的一种结算方式，并广泛运用于先汇款后发货的交易结算中。将其用于异地上下级单位之间的资金调剂、清理旧欠以及往来款项的结算等都十分方便。

(3)汇兑结算方式除了适用于单位之间的款项划拨外，也适用于单位对异地的个人支付有关款项，如退休工资、医药费、各种劳务费、稿酬等，还可适用于个人对异地单位所支付的有关款项，如邮购商品、书刊等。

(4)汇兑结算手续简便易行，单位或个人很容易办理。

三、汇兑记载事项

(1)表明“信汇”或“电汇”的字样；

(2)无条件支付的委托；

(3)确定的金额；

(4)收款人名称；

(5)汇款人名称；

(6)汇入地点，汇入行名称；

(7)汇出地点，汇出行名称；

(8)委托日期；

(9)汇款人签章。

四、汇兑结算应注意的问题

(1)汇款人办理汇款业务后，及时向银行索取汇款回单。

(2)对开立存款账户的收款人，汇入银行直接将汇入款项转入收款人账户，并发出收款通知。

(3)汇款人和收款人均为个人，且须在汇入银行支取现金的，应在信、电汇凭证的“汇款金额”大写栏填写“现金”字样，未填明“现金”字样，需支取现金的，由汇入银行按照国家现金管理规定审查支付。

(4)转汇的，应由银行向原收款人填制的信、电汇凭证上加盖“转汇”戳记，汇款人确定不得转汇的，应在“备注”栏内注明。

(5)汇款人对汇出银行尚未汇出的款项可以申请撤销，申请撤销时，应出具正式函件或本人身份证件及原信、电汇回单。

任务二　熟知汇兑结算管理

一、汇兑结算方式下的汇款办理

汇款人委托银行办理汇兑，应向汇出银行填写信、电汇凭证，详细填明汇入地点、汇入银行名称、收款人名称、汇款金额、汇款用途(军工产品可以免填)等各项内容，并在信、电汇凭证第二联上加盖预留银行印鉴。需要注意的是：

(1)汇款单位需要派人到汇入银行领取汇款时，除在“收款人”栏写明取款人的姓名外，还应在“账号或住址”栏内注明“留行待取”字样。

对留行待取的汇款，需要指定具体收款人领取汇款的，应注明收款人的单位名称。收款人应随身携带身份证件或汇入地有关单位等足以证实收款人身份的证明去汇入银行办理取款。

(2)若汇款需要收款单位凭印鉴支取的，应在信汇凭证第四联上加盖收款单位预留银行印鉴。

二、汇兑结算方式下收款人的处理

按照规定，汇入银行对开立账户的收款单位的款项应直接转入收款单位的账户。采用信汇方式的，收款单位开户银行(即汇入银行)在信汇凭证第四联上加盖“转讫”章后交给收款单位，表示汇款已由开户银行代为进账。采用电汇方式的，收款单位开户银行根据汇出行发来的电报编制三联联行电报划收款补充报单，在第三联上加盖“转讫”章作收账通知交给收款单位，表明银行已代为进账。收款单位根据银行转来的信汇凭证第四联(信汇)或联行电报划收款补充报单(电汇)编制银行存款收款凭证。需要在汇入银行支取现金的，必须在信汇(或电汇)凭证的“汇款金额”栏注明“现金”字样，可以由收款人填制一联支款单连同信汇凭证第四联(或联行申报划收款补充报单第三联)，并携带有关身份证件到汇入银行取款。汇入银行审核有关证件后一次性办理现金支付手续。未在汇款凭证上填明“现金”字样，需要在汇入银行支取现金的单位，由汇入银行按照现金管理的规定支付。

三、退汇款项的办理

(1)对于汇款是直接汇给收款单位的存款账户入账的，退汇由汇出单位自行联系，银行不予介入。

(2)对于汇款不是直接汇往收款单位存款账户入账的，由汇款单位备公函或持本人身份证件连同原信、电汇凭证回单交汇出行申请退汇，由汇出银行通知汇入银行，经汇入银行查实汇款确未解付，方可办理退汇；

(3)对于汇入银行接到退汇通知前汇款已经解付收款人账户或已被支取的，则由汇款人与收款人自行联系退款手续。

(4)对于汇款被收款单位拒绝接受的，由汇入银行立即办理退汇；

(5)汇款超过两个月，收款人尚未在汇入银行办理取款手续，或在规定期限内汇入银行已寄出通知但由于收款人地址迁移或其他原因致使该笔汇款无人受领时，汇入银行主动办理退汇；

(6)汇款单位收到汇出银行寄发的注有"汇款退回已代进账"字样的退汇通知书第四联(适用于汇款人申请退汇)或者由汇入银行加盖"退汇"字样，汇出银行加盖"转讫"章的特种转账贷方凭证(适用于银行主动退汇)后，即表明汇款已退回本单位账户。财务部门即可据此编制银行存款收款凭证，其会计分录则与汇出时银行存款付款凭证会计分录相反。

汇兑结算程序如图 4-11 所示。

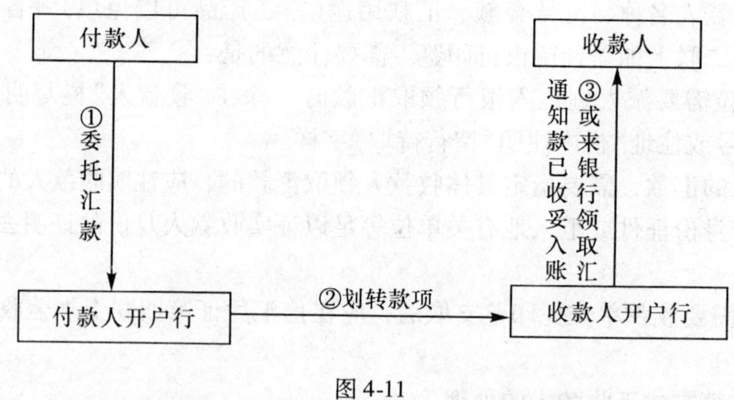

图 4-11

项目六 商业汇票结算

任务一 了解商业汇票

商业汇票是出票人签发的，委托付款人在指定日期无条件支付确定金额给收款人或持票人的票据。在银行开立存款户账户的法人以及其他组织之间，必须具有真实的交易关系或债权债务关系才能使用商业汇票。

商业汇票按承兑人的不同分为商业承兑汇票和银行承兑汇票。商业承兑汇票由银行以外的付款人承兑，银行承兑汇票由银行承兑。商业汇票的付款人即为承兑人。

任务二 熟知商业汇票管理

一、商业汇票结算的有关规定

(一)商业汇票的结算要求

(1)商业汇票的签发必须载明下列事项：标明“商业承兑汇票”和“银行承兑汇票”的字样；无条件支付的委托；确定的金额；付款人名称；收款人名称；出票日期；出票人签章。上述事项缺一不可，否则商业汇票无效。

(2)商业汇票的付款期限最长不得超过6个月，提示付款期限自汇票到期日起10日。

(3)商业汇票可以背书转让。符合条件的商业汇票持票人可持未到期商业汇票连同贴现凭证向银行申请贴现，标有“不得转让”字样的承兑汇票，银行不能办理贴现。

(4)商业汇票一律记名。

(5)商业汇票核算一般通过“应收票据”和“应付票据”账户。

(6)银行承兑汇票只能由在承兑银行开立存款账户的单位作为出票人。

(7)持票人向银行申请贴现时必须提供与其直接前手之间的增值税发票和商品发运单据复印件。

(二)商业汇票的结算规定

(1)商业承兑汇票可以由付款人签发并承兑，也可以由收款人签发交由付款人承兑。银行承兑汇票应由在承兑银行开立存款账户的存款人签发。

(2)商业汇票的付款期限，最长不得超过6个月。

① 定日付款的汇票付款期限自出票日起计算，并在汇票上记载具体的到期日。定日付款或者出票后定期付款的商业汇票，持票人应当在汇票到期日前向付款人提示承兑。

② 出票后定期付款的汇票付款期限自出票日起按月计算，并在汇票上记载。见票后定期付款的汇票付款期限自承兑或拒绝承兑日起按月计算，并在汇票上记载。见票后定期付款的汇票，持票人应当自出票日起1个月内向付款人提示承兑。

(3)商业汇票的提示付款期限，自汇票到期日起10日。持票人应在提示付款期限内通过开户银行委托收款或直接向付款人提示付款。对异地委托收款的，持票人可匡算邮程，提前通过开户银行委托收款。持票人超过提示付款期限提示付款的，持票人开户银行不予受理。

(4)商业汇票的付款人接到出票人或持票人向其提示承兑的汇票时，应当向出票人或持票人签发收到汇票的回单，记明汇票提示承兑日期并签章。付款人应当自收到提示承兑的汇票之日起3日内承兑或者拒绝承兑。付款人拒绝承兑的，必须出具拒绝承兑的证明。

(5)付款人承兑商业汇票，应当在汇票正面记载“承兑”字样和承兑日期并签章。

(6)付款人承兑商业汇票，不得附有条件；承兑附有条件的，视为拒绝承兑。

(7)银行承兑汇票的承兑银行，应按票面金额向出票人收取万分之五的手续费。

(8)商业承兑汇票付款人的开户银行收到通过委托收款寄来的商业承兑汇票时，应将商业承兑汇票留存，并及时通知付款人。

① 付款人收到开户银行的付款通知，应在当日通知银行付款。付款人在接到通知日

的次日起3日内(遇法定休假日顺延，下同)未通知银行付款的，视同付款人承诺付款，银行应于付款人接到通知日的次日起第4日(遇法定休假日顺延，下同)上午开始营业时，将票款划给持票人。

付款人提前收到由其承兑的商业汇票，应通知银行于汇票到期日付款。付款人在接到通知日的次日起3日内未通知银行付款，付款人接到通知日的次日起第4日在汇票到期日之前的，银行应于汇票到期日将票款划给持票人。

② 银行在办理划款时，付款人存款账户不足支付的，应填制付款人未付票款通知书，连同商业承兑汇票邮寄至持票人开户银行转交持票人。

③ 付款人存在合法抗辩事由拒绝支付的，应自接到通知日的次日起3日内，作成拒绝付款证明送交开户银行，银行将拒绝付款证明和商业承兑汇票邮寄至持票人开户银行转交持票人。

(9)银行承兑汇票的出票人应于汇票到期前将票款足额交存其开户银行。承兑银行应在汇票到期日或到期日后的见票当日支付票款。承兑银行存在合法抗辩事由拒绝支付的，应自接到商业汇票的次日起3日内，作成拒绝付款证明，连同商业银行承兑汇票邮寄至持票人开户银行转交持票人。

(10)银行承兑汇票的出票人于汇票到期日未能足额交存票款时，承兑银行除凭票向持票人无条件付款外，对出票人尚未支付的汇票金额按照每天万分之五计收利息。

(三)商业汇票的背书

背书是一种票据行为，是票据权利转移的重要方式。

背书按目的可以分为两类：一是转让背书，即以转让票据权利为目的的背书，二是非转让背书，即以设立委托收款或票据质押为目的的背书。

商业汇票均可以背书转让，背书人背书转让汇票后，即承担保证其后手付款的责任。背书人在汇票得不到付款时，应当向持票人清偿：(1)被拒绝付款的汇票金额；(2)汇票金额自到期日或者提示付款日起至清偿日止，按照中国人民银行规定的利率计算的利息；(3)取得有关拒绝证明和发出通知书的费用。

(四)商业汇票的挂失

商业承兑汇票遗失或未使用办理注销，不须向银行办理注销手续，而由收付款单位双方自行联系处理。持票单位遗失银行承兑汇票，应及时向承兑银行办理挂失注销手续，待汇票到期日满一个月再办理如下手续：

(1)付款单位遗失的，应备函说明遗失原因，并附第三联银行承兑汇票送交银行申请注销，银行受理后，在汇票第三联注明“遗失注销”字样并盖章后即可注销。

(2)收款单位遗失的，由收款单位与付款单位协商解决，汇票到期满一个月后，付款单位确未支付票款时，付款单位可代收款单位办理遗失手续，其手续与付款单位遗失的手续相同。

二、银行承兑汇票结算

银行承兑汇票是由收款人或承兑申请人(付款人)签发，并由承兑申请人持汇票和注明采用银行承兑汇票结算方式的购销合同向其开户银行申请承兑的商业汇票。银行承兑汇票格式如图4-12所示。

银行承兑汇票　　2　　$\frac{CA}{01}$ 34879548

出票日期（大写）　　年　月　日

<table>
<tr><td>出票人全称</td><td colspan="2"></td><td rowspan="3">收款人</td><td>全　称</td><td colspan="11"></td></tr>
<tr><td>出票人账号</td><td colspan="2"></td><td>账　号</td><td colspan="11"></td></tr>
<tr><td>付款行全称</td><td colspan="2"></td><td>开户银行</td><td colspan="11"></td></tr>
<tr><td rowspan="2">出票金额</td><td colspan="4" rowspan="2">人民币（大写）</td><td>亿</td><td>千</td><td>百</td><td>十</td><td>万</td><td>千</td><td>百</td><td>十</td><td>元</td><td>角</td><td>分</td></tr>
<tr><td></td><td></td><td></td><td></td><td></td><td></td><td></td><td></td><td></td><td></td><td></td></tr>
<tr><td>汇票到期日（大写）</td><td colspan="2"></td><td rowspan="2">付款行</td><td>行号</td><td colspan="11"></td></tr>
<tr><td>承兑协议编号</td><td colspan="2"></td><td>地址</td><td colspan="11"></td></tr>
<tr><td colspan="2">本汇票请你行承兑，到期无条件付款。

出票人签章</td><td colspan="3">本汇票已经承兑，到期日由本行付款
承兑行签章
承兑日期　年　月　日
备注：</td><td colspan="11">复核　　记账</td></tr>
</table>

此联是出票人开户银行交给出票人的回单收

图 4-12

银行承兑汇票背面如图 4-13 所示。

被背书人	被背书人	（贴粘单处）
被书人签章 年　月　日	被书人签章 年　月　日	

图 4-13

(一)银行承兑汇票的申请办理

办理银行承兑汇票必须以商品交易为基础，禁止办理无真实商品交易的银行承兑汇票。办理的银行承兑汇票最长期限不得超过 6 个月。

1. 申请办理银行承兑汇票的条件

企业申请办理银行承兑汇票的客户应当是依法成立的企业法人和其他经济组织，并符合以下条件：

(1)在承兑银行开立存款账户并依法从事经营活动的法人或其他组织；

(2)具有支付汇票金额的可靠资金来源；

(3)近两年在开户银行无不良贷款、欠息及其他不良信用记录。

2. 承兑申请人应向开户行提交的资料

(1)银行承兑汇票承兑申请书，主要包括汇票金额、期限、用途以及承兑申请人承诺汇票到期无条件兑付票款等内容；

(2)营业执照或法人执照复印件、法人代表人身份证明；

(3)上年度和当期的资产负债表、利润表和现金流量表；

(4)商品交易合同或增值税发票原件及复印件；

(5)按规定需要提供担保的，提交保证人有关资料(包括营业执照或法人执照复印件，当期资产负债表、利润表和现金流量表)或抵(质)押物的有关资料(包括权属证明、评估报告等)；

(6)银行要求提供的其他资料。

3. 收取保证金

企业在办理银行承兑汇票业务时，经办银行按照客户信用等级收取保证金。一般规定如下：

(1)AA级(含)以上客户可免收保证金；

(2)AA-级客户收取10%(含)以上保证金；

(3)A+、A级客户收取30%(含)以上的保证金；

(4)A-级客户收取50%(含)以上的保证金；

(5)BBB级(含)以下客户收取100%的保证金。

(二)银行承兑汇票的承兑

承兑是指汇票付款人承诺在到期日支付汇票金额的一种票据行为。承兑是持票人行使票据权利的一个重要程序，只有在付款人作出承兑后，持票人的付款请求权才得以确定。

1. 商业汇票的承兑银行必须具备的条件

(1)与出票人具有真实的委托付款关系；

(2)具有支付汇票金额的可靠资金；

(3)内部管理完善，经其法人授权的银行审定。

2. 承兑银行的审查

银行承兑汇票的出票人或持票人向银行提示承兑时，银行的信贷部门负责按有关规定和审批程序，对出票人的资格、资信、购销合同和汇票记载的内容进行认真审查，必要时可由出票人提供担保。符合规定和承兑条件的，与出票人签订承兑协议。

付款人承兑商业汇票，应当在汇票正面记载“承兑”字样和承兑日期并签章，见票后定期付款的汇票，应在承兑时记载付款日期。在实务中，银行承兑汇票的承兑文句(即“承兑”字样)已经印在汇票的正面，如“本汇票已经承兑，到期无条件支付票款”、“本汇票已经承兑，到期日由本行付款”等，无须承兑人另行记载，承兑人只需在承兑人签章处签章并在承兑日期栏填明承兑日期即可。付款人承兑商业汇票，不得附有条件。承兑附有条件的，视为拒绝承兑。

(三)银行承兑汇票的签发与兑付的基本程序

(1)签订交易合同。交易双方经过协商，签订商品交易合同，并在合同中注明采用银行承兑汇票进行结算。作为销货方，如果对方的商业信用不佳，或者对对方的信用状况不甚了解、信心不足，使用银行承兑汇票较为稳妥。因为银行承兑汇票由银行承兑，有银行信用作为保证，所以能保证及时地收回货款。

(2)签发汇票。付款方按照双方签订的合同的规定，签发银行承兑汇票。银行承兑汇票一式三联，第一联为卡片，由承兑银行留存备查，到期支付票款时作借方凭证附件；第二联由收款人开户行随托收凭证寄付款行作借方凭证附件；第三联为存根联，由出票人存查。

专家提示：

付款单位出纳员在填制银行承兑汇票时，应当逐项填写银行承兑汇票中出票日期，收款人和出票人全称、账号、开户银行，汇票金额大、小写，汇票到期日，承兑协议编号等内容，并在银行承兑汇票的第一联、第二联的“出票人签章”处加盖预留银行印鉴及负责人和经办人印章。

(3)汇票承兑。付款单位出纳员在填制完银行承兑汇票后，应将汇票的有关内容与交易合同进行核对，核对无误后填制“银行承兑协议”，并在“承兑申请人”处盖单位公章。银行承兑协议一式三联，其内容主要是汇票的基本内容，汇票经银行承兑后承兑申请人应遵守的基本条款等。

(4)支付手续费。按照“银行承兑协议”的规定，付款单位办理承兑手续时向承兑银行支付手续费，由开户银行从付款单位存款户中扣收。按照现行规定，银行承兑手续费按银行承兑汇票的票面金额的万分之五计收，每笔手续费不足10元的，按10元计收。

(5)寄交银行承兑汇票。付款单位按照交易合同规定，向供货方购货，将经过银行承兑后的汇票第二联寄交收款单位，以便收款单位到期收款或背书转让。付款单位寄交汇票后，编制转账凭证。

出纳员在寄交汇票时，应同时登记“应付票据备查簿”，逐项登记发出票据的种类(银行承兑汇票)、交易合同号、票据编号、签发日期、到期日期、收款单位及汇票金额等内容。

收款单位财务部门收到付款单位的银行承兑汇票时，单位出纳员据此登记“应收票据备查簿”，逐项填写备查簿中汇票种类(银行承兑汇票)、交易合同号、票据编号、签发日期、到期日期、票面金额、付款单位、承兑单位等有关内容。

(6)交存票款。按照“银行承兑协议”的规定，承兑申请人(即付款人)，应于汇票到期前将票款足额地交存其开户银行(即承兑银行)，以便承兑银行于汇票到期日将款项划拨给收款单位或贴现银行。付款单位财务部门应经常检查专人保管的银行承兑协议和“应付票据备查簿”及时将应付票款足额交存银行。

(7)委托银行收款。收款单位财务部门也应当经常检查专人保管的银行承兑汇票和“应收票据备查簿”，查看汇票是否到期。汇票到期日，收款单位应填制一式三联进账单，并在银行承兑汇票第二联背面加盖预留银行的印鉴，将汇票和进账单一并送交其开户银行，委托开户银行收款。开户银行按照规定对银行承兑汇票进行审查，审查无误后在第一联进账单上加盖“业务”公章，第三联进账单加盖“转讫”章交收款单位作为收款通知，按规定办理汇票收款业务。银行承兑汇票流转程序如图4-14所示。

(四)银行承兑汇票的背书规定

(1)银行承兑汇票背书必须记载下列事项：一是被背书人名称；二是背书人签章。未记载上述事项之一的，背书无效。

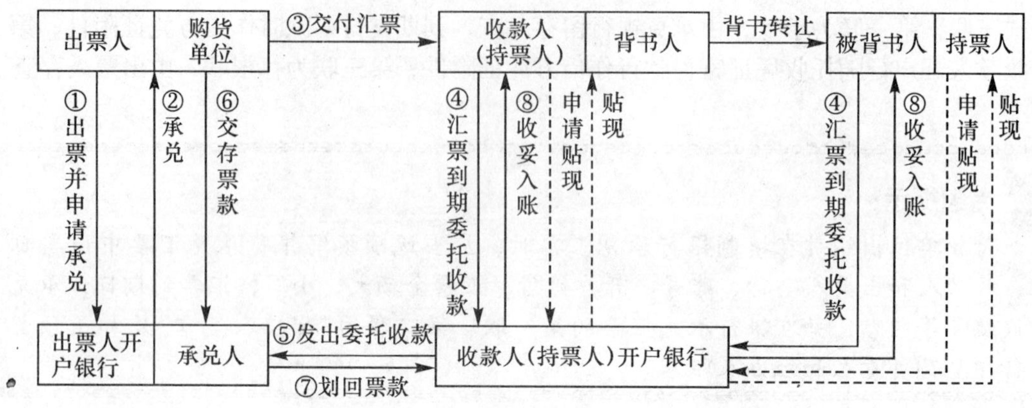

图 4-14

(2)背书时应当记载背书日期，未记载背书日期的，视为在汇票到期日前背书。

(3)背书记载“委托收款”字样，被背书人有权利代背书人行使被委托的汇票权利。但是，被背书人不得再以背书转让汇票权利。

(4)汇票可以设定质押。质押时应当以背书记载“质押”字样。被背书人依法实现其质权时，可以行使汇票权利。

(5)票据出票人在票据正面记载“不得转让”字样的，票据不得转让(丧失流通性)。其直接后手再背书转让的，出票人对其直接后手的被背书人不承担保证责任，对被背书人提示付款或委托收款的票据，银行不予以受理。

(6)票据背书人在票据背书人栏记载“不得转让”字样的，其后手再背书转让的，记载“不得转让”字样的背书人对其后手的被背书人不承担保证责任。

(7)背书不得附有条件。背书时附有条件的，所附条件不具有票据上的效力。将汇票的一部分转让的背书或者将汇票金额分别转让给两人以上的背书无效。

(8)汇票被拒绝付款或超过提示付款期限的，不得再背书转让，背书转让的，背书人应当承担票据责任。

(9)背书应当记载在票据的背面或者粘单上，而不得记载在票据的正面。背书栏不敷背书的，可以使用统一格式的粘单，粘附于票据凭证上规定的粘接处。粘单上的第一记载人，应当在票据和粘单粘贴处签章。如果背书记载在票据的正面，背书无效。因为背书记载在票据正面，将无法确定背书人的签章究竟是背书行为、承兑行为，还是保证行为，因而也不能确认该签章的效力。

三、商业承兑汇票结算

商业承兑汇票由收付双方约定签发。由收款人签发的商业承兑汇票，应交付款人承兑；由付款人签发的商业承兑汇票，由付款人本人承兑，商业承兑汇票样式如图 4-15 所示。

(一)商业承兑汇票的签发和兑付

商业承兑汇票的签发和兑付除以下几点外，其余手续和银行承兑汇票基本相同。

(1)签发汇票。商业承兑汇票按照双方协定，可以由付款单位签发，也可以由收款人签发。商业承兑汇票一式三联，第一联为卡片，由承兑人(付款单位)留存；第二联为商

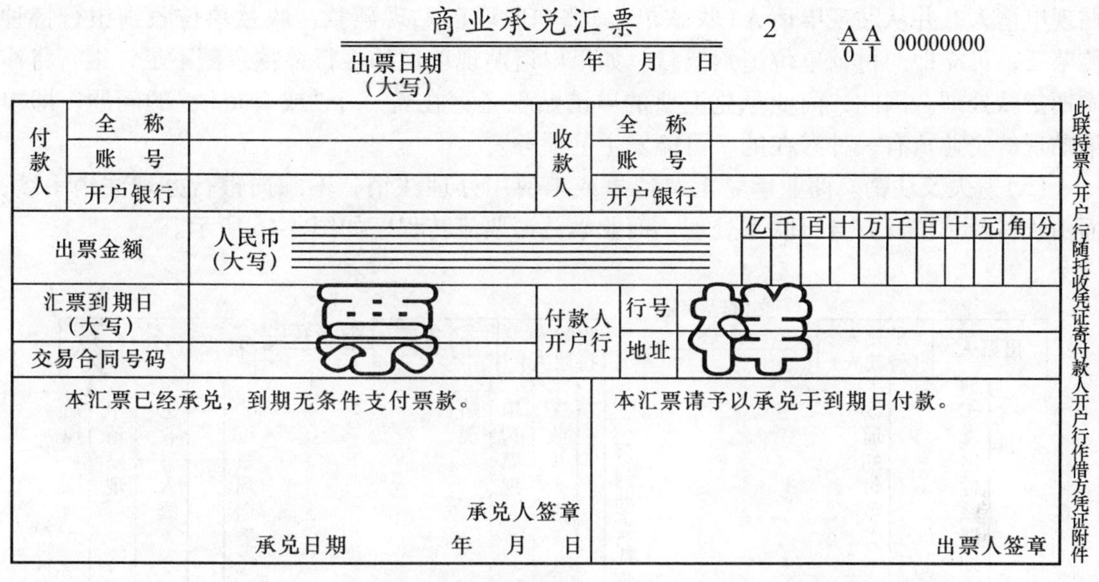

商业承兑汇票　　2　　$\frac{A}{0}\frac{A}{1}$ 00000000

出票日期（大写）　　年　月　日

付款人	全　称		收款人	全　称	
	账　号			账　号	
	开户银行			开户银行	
出票金额	人民币（大写）				亿 千 百 十 万 千 百 十 元 角 分
汇票到期日（大写）			付款人开户行	行号	
交易合同号码				地址	
本汇票已经承兑，到期无条件支付票款。 承兑人签章 承兑日期　　年　月　日			本汇票请予以承兑于到期日付款。 出票人签章		

此联持票人开户行随托收凭证寄付款人开户行作借方凭证附件

票样

图 4-15

业承兑汇票，由持票人开户银行随托收凭证寄付款人开户银行作借方凭证附件；第三联为存根联，由出票人存查。商业承兑汇票由付款单位承兑。付款单位承兑时，无须填写承兑协议，也不通过银行办理，因而也就无须向银行支付手续费，只需在商业承兑汇票的第二联正面签署“承兑”字样并加盖预留银行的印鉴后，交给收款单位。由收款人签发的商业承兑汇票，应先交付款单位承兑，再交收款单位专门保管。

(2)委托银行收款。作为收款单位，计算从本单位至付款人开户银行的邮程，在汇票到期前，提前委托银行收款。委托银行收款时，应填写一式五联的“托收凭证”，在“托收凭据名称”栏内注明“商业承兑汇票”字样及汇票号码，在商业承兑汇票第二联背面加盖收款单位公章后，一并送交开户银行。开户银行审查后办理有关收款手续，并将盖章后的“托收凭证”第一联退回给收款单位保存。

(3)到期兑付。商业承兑汇票到期，付款单位存款账户无款支付或不足支付时，付款单位开户银行将按规定即按照商业承兑汇票的票面金额的5%收取罚金，不足50元的按50元收取，并通知付款单位送回托收凭证及所附商业承兑汇票。付款单位应在接到通知的次日起2天内将托收凭证第五联及商业承兑汇票第二联退回开户银行。付款单位开户银行收到付款单位退回的托收凭证、商业承兑汇票和提交的拒付理由书后，将退回的托收凭证、商业承兑汇票和提交的拒付理由书第三联和第四联加盖银行业务公章，一并退回收款单位开户银行转交给收款单位，再由收款单位和付款单位自行协商票款的清偿问题。如果付款单位财务部门已将托收款证第五联及商业承兑汇票第二联作了账务处理而无法退回时，可以填制一式二联“应付款项证明单”，将其第一联送付款单位开户银行，由其连同其他凭证一并退回收款单位开户银行再转交收款单位。

(4)贴现。贴现的商业承兑汇票到期，由贴现银行向付款单位收取款项。如汇票到期而付款单位存款不足或无款支付时，按《支付结算办法》规定，银行将商业承兑汇票退回贴现申请人，并从贴现申请人(收款单位)账户收取已贴现票款，收款单位收到银行特种传票后，可立即向付款单位追索票款。如果申请贴现单位的银行存款余额不足，银行将作逾期贷款处理。因此，商业承兑汇票的申请贴现还存在着一个"或有负债"的问题，即申请贴现的企业负有一种潜在的、可能发生的债务。

(5)遗失及注销。商业承兑汇票遗失或未使用办理注销，不须向银行办理注销手续，而由收付款单位双方自行联系处理。商业承兑汇票流转程序如图 4-16 所示。

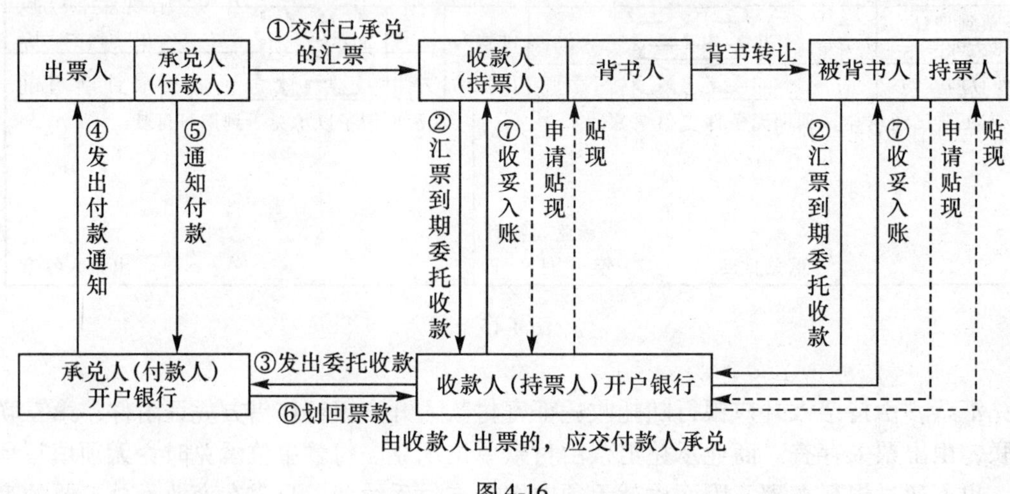

图 4-16

(二)商业汇票的贴现

贴现是指汇票持有人将未到期的商业汇票交给银行，银行按照票面金额扣收自贴现日至汇票到期日期间的利息，将票面金额扣除贴现利息后的净额交给汇票持有人。商业汇票持有人在资金暂时不足的情况下，可以凭承兑的商业汇票向银行办理贴现，以提前取得货款。商业汇票持有人办理汇票贴现的步骤如下：

(1)申请贴现。汇票持有人向银行申请贴现，应填制一式五联的"贴现凭证"。贴现凭证第一联(代申请书)交银行作贴现付出传票；第二联(收入凭证)交银行作贴现申请单位账户收入传票；第三联(收入凭证)交银行作贴现利息收入传票；第四联(收账通知)交银行作贴现申请单位的收账通知；第五联(到期卡)交会计部门按到期日排列保管，到期日作贴现收入凭证。

汇票持有单位(即贴现单位)出纳员应根据汇票的内容逐项填写贴现凭证的有关内容，如贴现申请人的名称、账号、开户银行，贴现汇票的种类、发票日、到期日和汇票号码，汇票承兑人的名称、账号和开户银行，汇票金额的大、小写等。其中，贴现申请人即汇票持有单位本身；贴现汇票种类指是银行承兑汇票还是商业承兑汇票；汇票承兑人，银行承兑汇票为承兑银行即付款单位开户银行，商业承兑汇票为付款单位自身；汇票金额(即贴现金额)指汇票本身的票面金额。填完贴现凭证后，在第一联贴现凭证"申请人盖章"处和商业汇票第二联、第三联背后加盖预留银行印鉴，然后一并送交开户银行信贷部门。

开户银行信贷部门按照有关规定对汇票及贴现凭证进行审查，重点是审查申请人持有的汇票是否合法，是否在本行开户，汇票联数是否完整，背书是否连续，贴现凭证的填写是否正确，汇票是否在有效期内，承兑银行是否已通知不应贴现以及是否超过本行信贷规模和资金承受能力等。审查无误后在贴现凭证“银行审批”栏签注“同意”字样，并加盖有关人员印章后送银行会计部门。

(2)办理贴现。银行会计部门对银行信贷部门审查的内容进行复核，并审查汇票盖印及压印金额是否真实有效。审查无误后即按规定计算并在贴现凭证上填写贴现率、贴现利息和实付贴现金额。其中，贴现率是国家规定的月贴现率；贴现利息是指汇票持有人向银行申请贴现而支付给银行的贴现利息；实付贴现金额是指汇票金额(即贴现金额)减去应付贴现利息后的净额，即汇票持有人办理贴现后实际得到的款项金额。按照规定，贴现利息应根据贴现金额、贴现天数(自银行向贴现单位支付贴现票款日起至汇票到期日前一天止的天数)和贴现率计算求得。用公式表示为：

$$贴现利息=贴现金额\times贴现天数\times日贴现率$$

$$日贴现率=月贴现率\div30$$

贴现单位实得贴现金额则等于贴现金额减去应付贴现利息，用公式表示为：

$$实付贴现金额=贴现金额-应付贴现利息$$

银行会计部门填写完贴现率、贴现利息和实付贴现金额后，将贴现凭证第四联加盖“转讫”章后交给贴现单位作为收账通知，同时将实付贴现金额转入贴现单位账户。贴现单位根据开户银行转回的贴现凭证第四联，按实付贴现金额作银行存款收款凭证，并在“应收票据登记簿”登记有关贴现情况。

(3)票据到期。汇票到期，由贴现银行通过付款单位开户银行向付款单位办理清算，收回票款。

对于银行承兑汇票，不管付款单位是否无款偿付或不足偿付，贴现银行都能从承兑银行取得票款，不会再与收款单位发生关系。

对于商业承兑汇票，贴现的汇票到期，如果付款单位有款足额支付票款，收款单位应于贴现银行收到票款后将应收票据在备查簿中注销。当付款单位存款不足无力支付到期商业承兑汇票时，按照《支付结算办法》的规定，贴现银行将商业承兑汇票退还给贴现单位，并开出特种转账传票，在其中“转账原因”栏注明“未收到××号汇票款，贴现款已从你账户收取”字样，从贴现单位银行账户直接划转已贴现票款。贴现单位收到银行退回的商业承兑汇票和特种转账传票时，凭特种转账传票编制银行存款付款凭证；同时立即向付款单位追索票款。如果贴现单位账户存款也不足时，按照《支付结算办法》的规定，贴现银行将贴现票款转作逾期贷款，退回商业承兑汇票，并开出特种转账传票，在其中“转账原因”栏注明“贴现已转逾期贷款”字样，贴现单位据此编制转账凭证。

项目七　委托收款结算

任务一　了解委托收款

一、委托收款的概念

委托收款是收款人委托银行向付款人收取款项的结算方式。单位和个人凭已承兑的商业汇票、债券、存单等付款人债务证明办理款项结算的，均可使用委托收款方式。委托收款结算款项划回方式有邮寄和电报两种。

二、委托收款的特点

(1)从使用范围来看，凡是在银行和其他金融机构开立账户的单位和个体经济户的商品交易、劳务款项以及其他应收款项的结算都可以使用委托收款结算方式。城镇公用企事业单位向用户收取的水费、电费、电话费、邮费、煤气费等也都可以采用委托收款结算方式。

(2)委托收款不受金额起点的限制。凡是收款单位发生的各种应收款项，不论金额大小，只要委托银行就予以办理。

(3)委托收款不受地点的限制，在同城、异地都可以办理。

(4)委托收款有邮寄和电报划回两种方式，收款单位可以根据需要灵活选择。

(5)委托收款付款期为 3 天，凭证索回期为 2 天。

(6)银行不负责审查付款单位拒付理由。委托收款结算方式是一种建立在商业信用基础上的结算方式，即由收款人先发货或提供劳务，然后通过银行收款，银行不参与监督，结算中发生争议由双方自行协商解决。因此收款单位在选用此种结算方式时应当慎重，应了解付款方的资信状况，以免发货或提供劳务后不能及时收回款项。

三、委托收款结算的联次

收款人办理委托收款，需填制托收凭证，如表 4-9 所示。

表 4-9

托收凭证（受理回单） 1

委托日期 年 月 日

<table>
<tr><td colspan="2">业务类型</td><td colspan="4">委托收款（□邮划、□电划） 托收承付（□邮划、□电划）</td></tr>
<tr><td rowspan="3">付款人</td><td>全　称</td><td></td><td rowspan="3">收款人</td><td>全　称</td><td></td></tr>
<tr><td>账　号</td><td></td><td>账　号</td><td></td></tr>
<tr><td>地　址</td><td>省　市县　开户行</td><td>地　址</td><td>省　市县　开户行</td></tr>
<tr><td>金额</td><td>人民币（大写）</td><td colspan="3"></td><td>亿 千 百 十 万 千 百 十 元 角 分</td></tr>
<tr><td colspan="2">款项内容</td><td>托收凭据名称</td><td></td><td>附寄单证张数</td><td></td></tr>
<tr><td colspan="2">商品发运情况</td><td></td><td colspan="2">合同名称号码</td><td></td></tr>
<tr><td colspan="2">备注：
复核　记账</td><td colspan="2">款项收妥日期
年　月　日</td><td colspan="2">收款人开户银行签章
年　月　日</td></tr>
</table>

此联作收款人开户银行给收款人的受理回单

托收凭证一式五联，托收方式分"邮划"和"电划"，应按合同的约定，在"邮划"或"电划"前的"□"中打"√"。第一联为受理回单，由银行盖章后退给收款单位；第二联为贷方凭证，作为收款人开户银行的贷方凭证；第三联为借方凭证，作为付款人开户银行的借方凭证；第四联为收账通知，是收款单位开户银行在款项收妥后给收款人的收账通知；第五联为付款通知，是付款人开户银行给付款人按期付款的通知。

任务二　熟知委托收款管理

一、委托收款结算的程序

收款人向付款人发出商品或提供劳务后，收款人即可办理委托收款，应向开户银行填写委托收款凭证。收款单位出纳员应按规定逐项填明委托收款凭证的各项内容，如收款单位名称、账号、开户银行；付款单位的名称、账号或地址、开户银行；委托金额大、小写；款项内容(如货款、劳务费等)；委托收款凭据名称(如发票等)；及所附单证张数等。然后在委托收款凭证的第二联上加盖收款单位印章后，将委托收款凭证和委托收款依据一并送交开户银行。

付款人开户银行接到收款人开户银行寄来的委托收款凭证后，经审查无误，应及时通知付款人。付款人接到通知和有关附件，应认真进行审核。审查的内容主要包括三项：

(1)委托收款凭证是否应由本单位受理；

(2)凭证内容和所附的有关单证填写是否齐全正确；

(3)委托收款金额和实际应付金额是否一致，承付期限是否到期。

付款人审查无误后，应在规定的付款期内付款。付款期为3天，从付款人开户银行发出付款通知的次日算起(付款期内遇例假日顺延)，付款人在付款期内未向银行提出异议，银行视作同意付款，并在付款期满的次日(例假日顺延)上午银行开始营业时，将款项主动划给收款人。如在付款期满前，付款人通知银行提前付款，应立即办理划款。付款人审查付款通知和有关单证，发现有明显的计算错误，应该多付款项时，可由出纳员填制一式四联"多付款理由书"(可用"拒绝付款理由书"替代)，于付款期满前交开户银行将多付款项一并划给收款单位。银行审查同意后，将多付款项连同委托收款金额划给收款单位，同时将第一联"多付款理由书"加盖"转讫"章后作支款通知交给收款单位。委托收款结算程序见图4-17。

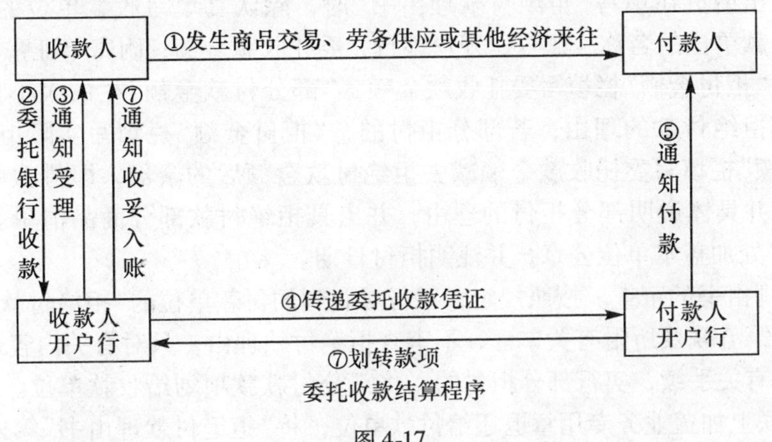

委托收款结算程序

图4-17

二、委托收款结算方式下的拒付处理

(1)拒付的情形。付款单位审查有关单证后，认为所发货物的品种、规格、质量等与双方签订的合同不符，或者因其他原因对收款单位委托收取的款项需要全部或部分拒绝付款的，应在付款期内出具“托收承付(委托收款)结算全部(部分)拒绝付款理由书”(以下简称“拒绝付款理由书”)，连同开户银行转来的有关单证送开户银行。

(2)“拒绝付款理由书”的填写。“拒绝付款理由书”一式四联，第一联(回单或付款通知)作付款单位的支款通知；第二联(借方凭证)作银行付出传票或存查；第三联(贷方凭证)作银行收入传票或存查；第四联(代通知或收账通知)作收款单位收账通知或全部拒付通知书。“拒绝付款理由书”的基本格式如表4-10所示。

表4-10　托收承付/委托收款 结算 全部/部分 拒绝付款理由书(回单或付款通知)　1

拒付日期　年　月　日　　原托收号码

<table>
<tr><td rowspan="3">付款人</td><td>全　称</td><td colspan="3"></td><td rowspan="3" colspan="2">收款人</td><td colspan="2">全　称</td><td colspan="11"></td></tr>
<tr><td>账　号</td><td colspan="3"></td><td colspan="2">账　号</td><td colspan="11"></td></tr>
<tr><td>开户银行</td><td colspan="3"></td><td colspan="2">开户银行</td><td colspan="11"></td></tr>
<tr><td rowspan="2">托收金额</td><td rowspan="2" colspan="2"></td><td rowspan="2">拒付金额</td><td rowspan="2" colspan="3"></td><td rowspan="2" colspan="2">部分付款金额</td><td>亿</td><td>千</td><td>百</td><td>十</td><td>万</td><td>千</td><td>百</td><td>十</td><td>元</td><td>角</td><td>分</td></tr>
<tr><td></td><td></td><td></td><td></td><td></td><td></td><td></td><td></td><td></td><td></td><td></td></tr>
<tr><td>附寄单证</td><td colspan="2">张</td><td>部分付款金额(大写)</td><td colspan="16"></td></tr>
<tr><td colspan="5">拒付理由：

付款人签章</td><td colspan="15"></td></tr>
</table>

此联银行给付款人的回单或付款通知

付款单位出纳员在填写“拒绝付款理由书”时，除认真填写收款单位的名称、账号、开户银行；付款单位的名称、账号、开户银行；委托收款金额；附寄单证张数等外，对于全部拒付的，“拒付金额”栏填写委托收款金额，“部分付款金额”栏的大小写都为零，并具体说明全部拒绝付款的理由；若部分拒付的，“拒付金额”栏填写实际拒绝付款金额，“部分付款金额”栏填写委托收款金额减去拒绝付款金额后的余额，即付款单位实际支付的款项金额，并具体说明部分拒付的理由，并出具拒绝付款部分商品清单。填完后，在“付款人盖章”处加盖本单位公章，并注明拒付日期。

(3)拒付理由书的审查。按照规定，银行对收到的付款单位的“拒绝付款理由书”连同委托收款凭证第五联及所附有关单证，不审查拒绝付款理由，只对有关内容进行核对，核对无误即办理有关手续，实行部分拒付的，将部分付款款项划给收款单位。“在拒绝付款理由书”第一联上加盖业务专用章退还给付款单位，将“拒绝付款理由书”第四联寄给收款单位开户银行由其转交收款单位。

(4)拒付后的处理。付款单位收到银行盖章退回的“拒绝付款理由书”第一联后，对于全部拒绝付款的，由于未引起资金增减变动，不必编制会计凭证和登记账簿，只需将“拒绝付款理由书”妥善保管以备查，并在“委托收款登记簿”上登记全部拒付的情况。如果拒绝付款时，对方发出的货物已经收到，则应在“代管物资登记簿”中详细登记拒绝付款物资的有关情况。对于部分拒绝付款的，应当根据银行盖章退回的“拒绝付款理由书”第一联，按照实际部分付款金额编制银行存款付款凭证，其会计分录和全部付款会计分录相同。

三、委托收款结算方式下无款支付时的处理

(1)付款人的处理。付款人在付款期满日营业终了前，如无足够资金支付全部款项，即为无款支付，银行应于次日上午开始营业时，通知付款人将有关单证(单证已作账务处理的，付款人可以填制“应付款项证明单”(见表4-11)，在两天内退回开户银行。银行将有关结算凭证连同单证或“应付款项证明单”退回收款人开户银行转交收款人。

表4-11　应付款项证明单　1

年　月　日　　　　第　号

收款人名称		付款人名称	
单证名称		单证编号	
单证日期		单证内容	
单位未退回原因：		我单位应付款项： 人民币(大写) 付款人盖章	

注：此单一式二联。第一联通过银行转交收款人作为应收款项的凭据，第二联付款人留存作为应付款项的凭据。

①“应付款项证明单”的填写。付款单位出纳员应认真逐项填制收款人名称、付款人名称、单证名称、单证编号、单证日期、单证内容等项目内容，并在“单证未退回原因”栏内注明单证未退回的具体原因，如单证已作账务处理、已经部分付款等，同时在“我单位应付款项”栏大写应付给收款单位的款项金额，如确实无款支付则应付金额等于委托收款金额，如已部分付款则应付金额等于委托收款金额减去已付款项金额之余额，并在付款人盖章处加盖本单位公章。银行审查无误后，将委托收款凭证连同有关单证或“应付款项证明单”退回收款单位开户银行转交给收款单位。

② 付款人逾期不退单的规定。按照规定，付款人逾期不退回单证或“应付款项证明单”的，开户银行按照委托收款金额自发出通知的3天起，每天收取万分之五但不低于5元的罚款，并暂停付款人委托银行向外办理结算业务，直到退回单证为止。

(2)收款单位的处理。收款单位收到开户银行转来的委托收款凭证及有关单证和无款支付通知书后应立即与付款单位取得联系，协商解决办法。对于部分付款的应于收到款项时按照实际收到金额编制银行存款收款凭证，对未付款部分暂保留在应收账款中；如无款支付，也可暂时保留在应收账款中，留待进一步解决。

项目八 托收承付结算

任务一 了解托收承付

一、托收承付的概念

托收承付是根据购销合同由收款人发货后委托银行向异地付款人收取款项，由付款人向银行承付的结算方式。

使用托收承付的收付双方必须是国有企业、供销合作社以及经营管理较好，并经开户银行审查同意的城乡集体所有制工业企业；办理托收承付的款项必须是商品交易以及因商品交易而产生的劳务供应款项，代销、寄销、赊销商品的款项，不得办理托收承付。收付双方使用托收承付结算方式必须订有符合《合同法》的购销合同，并在合同上注明使用托收承付的结算方式。托收承付结算款项划回方式有邮寄和电报两种。

托收：销货单位发出商品后，填制一式五联的"托收凭证"（"托收凭证"格式见表4-9），随同运输单据、提货单、发票等一起送交开户银行办理托收手续。注意：从2005年7月1日起，"托收承付"和"委托收款"结算方式均采用全国统一的一式五联的"托收凭证"。

承付：付款单位收到银行转来的托收凭证及其附件后，应当即登记"票据收付登记簿"，并交业务部门核对签收。

二、托收承付结算的特点

托收承付结算具有使用范围较窄、监督严格和信用度较高的特点，并且是向异地付款。

(1)按照规定，托收承付只适用于国营单位和集体单位之间的商品交易，其他性质的单位和除商品交易外的其他款项结算无法使用托收承付结算。

(2)托收承付的监督较为严格，从收款单位提出托收到付款单位承付款项，每一个环节都在银行的严格监督下进行。

(3)由于托收承付是在银行严格监督下进行的，付款单位理由不成立的不得拒付，因而收款单位收款有一定的保证，信用度相对较高。

三、办理托收承付结算必须具备的条件

按照规定，办理托收承付结算必须具备以下条件：

(1)收付双方订有符合《合同法》的经济合同；

(2)收付双方信用较好，都能遵守合同规定；

(3)要有货物确已发运的证件，包括铁路、航运、公路等承运部门签发的运单、运单副本和邮局包裹回执等。对于下列情况，如果没有发运证件，可凭有关证件办理托收手续：

① 内贸、外贸部门系统内的商品调拨、自备运输工具发送或自提的，如易燃、易爆、

剧毒、腐蚀性的商品，以及电、石油、天然气等必须使用专用工具或线路、管道运输的，可凭付款单位确已收到商品的证明(粮食部门可凭提货单及发货明细表)。

② 铁道部门的材料厂向铁道系统供应专用器材，可凭其签发的注明车辆号码和发运日期的证明。

③ 军队使用军列整车装运物资，可凭证明车辆号码和发运日期的单据；军用仓库对军内发货，可凭总后勤部签发的提货单副本，各大军区、省军区也可比照办理。

④ 收款单位承造或大修理船舶、锅炉或大型机器等，生产周期长，合同证明按工程进度分次结算的，可凭工程进度完工证明书。

⑤ 付款单位购进的商品，在收款单位所在地转厂加工、配套的，可凭付款单位和承担加工、配套单位的书面证明。

⑥ 合同订明商品由收款单位暂时代为保管的，可凭寄存证及付款单位委托保管商品的证明。

⑦ 使用铁路集装箱或零担凑整车发运商品的，由于铁路只签发一张运单，可凭持有发运证件单位出具的证明。

⑧ 外贸部门进口商品，可凭国外发来的账单、进口公司开出的结算账单。

四、办理托收承付的注意事项

(1)使用托收承付结算方式的单位，必须是国有企业、供销合作社以及经营管理较好、并经开户银行审查同意的城乡集体所有制工业企业。

(2)办理托收承付结算的款项，必须是商品交易，以及因商品交易而产生的劳务供应的款项。代销、寄销、赊销商品的款项，不得办理托收承付结算。

(3)收付双方使用托收承付结算必须订有符合《合同法》的购销合同，并在合同上载明使用托收承付结算方式。

(4)托收承付结算每笔的金额起点为10 000元，新华书店系统每笔金额起点为1 000元。

收款单位按照收付双方签订的合同的要求发货或提供劳务后，填制托收承付结算凭证。

任务二　熟知托收承付管理

一、办理托收承付的程序

(一)收款单位委托收款的程序

(1)填写托收凭证。收款单位根据经济合同向付款人发出商品后，即可委托银行收款。首先收款单位应填写托收凭证，收款单位出纳员在填写托收承付结算凭证时，应按照要求逐项认真填写凭证的各项内容，包括收款单位(即本单位)的全称、账号、开户银行；付款单位的全称、账号或地址、开户银行；托收金额的大、小写；随凭证附寄的单证的张数或册数；商品发运情况(如运单的号码等)；合同名称号码等，并在托收承付结算凭证的第二联“收款单位盖章”栏加盖本单位预留银行印鉴。

(2)银行受理托收。收款单位将填写完整的托收承付结算凭证连同发运单证或有关证件和交易凭证(如销货发票、代垫运杂费单据等)一并送交开户银行办理托收手续。如开户银行认为有必要，还需附送收、付款双方签订的经济合同。如果收款单位的发运证件经银行验证后需要取回的，应向银行说明。开户银行收到收款单位的托收凭证后，将按照托收承付结算的范围、条件和托收凭证的要求进行认真的审查，必要时还将查验收付款双方签订的经济合同。按照规定，开户银行审查时间最长不超过2天。经审查认为不符合要求的，银行将不予办理，退回托收凭证。审查无误的，办理托收手续，在托收承付结算凭证第一联上加盖业务用公章退还给收款单位。对收款单位提供发运证件交银行验证后，需要取回保管或寄存的，应在各联凭证和发运证件上加盖"已验发运证件"戳记，然后将发运证件退还给收款单位。

(3)收款单位出纳员还应根据托收承付结算凭证第一联登记"托收承付登记簿"，详细登记办妥托收的日期；付款单位的名称、账号、开户银行；托收款项内容(如××商品货款)；托收金额等，待收到付款单位货款时再进一步登记收款的金额和收款的日期等。

(二)付款单位受理托收承付结算方式的程序

(1)付款单位办理登记签收。付款单位出纳员收到其开户银行转来的托收承付结算凭证第五联及有关发运单证和交易单证后，应按规定立即登记"托收承付付款登记簿"和"托收承付处理单"，然后交供应(业务)等职能部门签收。

(2)仔细核对，签署意见。供应部门会同财务部门认真仔细地审查托收承付结算凭证及发运单证和交易单证，看其价格、金额、品种、规格、质量、数量等是否符合双方签订的合同的规定，并签署全部承付、部分拒付、全部拒付的意见。如为验货付款的还应将有关单证和实际收到货物作进一步核对，以签署处理意见。

(3)付款单位履约付款。付款单位承付货款有验单付款和验货付款两种方式，由收付双方协商选用，并在合同中加以明确规定。实行验货付款的，收款单位在办理托收手续时应在托收凭证上加盖"验货付款"戳记。

① 实行验单付款的，其承付期为3天，从付款单位开户银行发出承付通知的次日算起，承付期内遇到例假日顺延，对距离较远的付款单位必须邮寄的另加邮寄时间。

付款单位收到银行发出的承付通知后，在承付期内未向银行表示拒付货款的，银行视作承付处理，在承付期满的次日将款项按收款单位指定的划款方式划给收款单位。

② 实行验货付款的，其承付期为10天，从运输部门向付款单位发出提货通知的次日算起。另外也可根据实际情况由双方协商确定验货付款期限，并在合同中明确规定，并由收款单位在托收承付凭证上予以注明，这样银行便按双方约定的付款期限办理付款。

③ 付款单位承付托收款项后，应当根据托收承付结算凭证第五联及有关交易单证编制银行存款付款凭证。

④ 不论验单付款还是验货付款，付款人都可以在承付期内提前向银行表示承付，并通知银行提前付款，银行应立即办理划款。因商品的价格、数量或金额变动，付款人需多承付款项的，须在承付期内向银行提出书面通知，银行据此将当次托收的款项划给收款人。付款人不得在承付货款中，扣抵其他款项或以前托收的款项。

(4)付款单位承付期满，款项不够或无款支付时的处理。付款单位在承付期满日银行营业终了时，其银行账户内无足够资金支付托收款项，只能部分支付时，银行将填制特种转账凭证，将一联特种转账借方凭证加盖业务用公章后交给付款单位作支款通知，同时通知收款单位开户银行通知收款单位。付款单位不足部分即为逾期未付款项，银行按逾期付款处理。如果付款期满，付款单位银行账户无款支付时，银行填制“到期未收通知书”一式三联，加盖业务用公章后寄收款单位开户银行由其通知收款单位。

(5) 托收承付方式下的逾期付款的处理。购货企业在承付期满日银行营业终了时，如无足够资金支付，其不足部分即为逾期未付款项，按逾期付款处理。

① 付款人开户银行对付款人逾期支付的款项，应当根据逾期付款金额和逾期天数，按每天万分之五计算逾期付款赔偿金(滞纳金)，将其划给收款单位。其计算公式为：

应付滞纳金 = 逾期未付金额 × 延期天数 × 扣收比例

② 按照规定，赔偿金实行定期扣付，每月计算一次，于次月 3 日内单独划给收款人。次月又有部分付款的，从当月 1 日起计算赔偿金，随同部分支付的款项划给收款人，对尚未支付的款项，从当月 1 日起到月终再计算赔偿金，于第三个月 3 日内划给收款人。第三个月仍有部分付款的，按照上述方法计付赔偿。

③ 重新托收。收款人对被无理拒绝付款的托收款项，在收到退回的结算凭证及其所附单证后，如需委托银行重办托收，应当填写四联“重办托收理由书”，将其中三联连同购销合同、有关证据和退回的原托收凭证及交易单证，一并送交银行，经开户银行审查，确属无理拒绝付款，可以重办托收。托收承付结算程序见图 4-18。

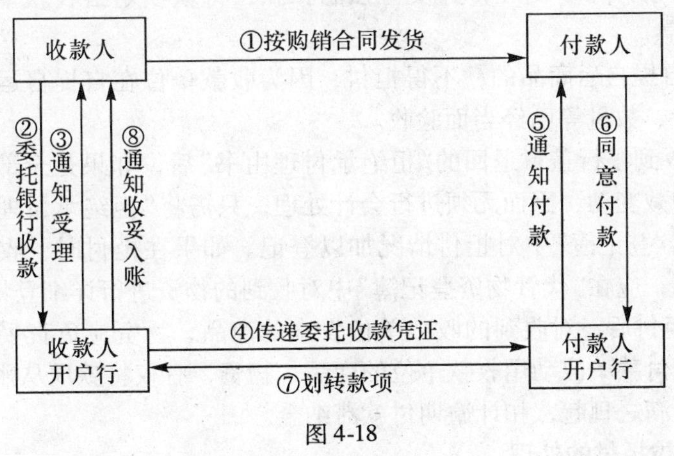

图 4-18

二、托收承付结算方式下付款单位的拒付

(1) 拒付的条件。如果购货企业在承付期内发现下列情况，可向银行提出全部或部分拒绝付款：

① 没有签订购销合同或没有注明托收承付结算方式款项的购销合同。

② 未经双方事先协议，销货企业提前交货或因逾期交货购货致企业不再需要该项货物的款项。

③ 未按合同规定的到货地点发货的款项。

④ 代销、寄销、赊销商品的款项。

⑤ 验单付款，发现所列货物的品种、规格、数量、价格与合同规定不符，或货物已到，经查验货物与合同规定或发货清单不符的款项。

⑥ 验货付款，经查验货物与合同规定或与发货清单不符的款项。

⑦ 货款已经支付或计算有错误的款项。

(2)“拒绝付款理由书”的填写。购销企业提出拒绝付款时，必须填写“拒绝付款理由书”，注明拒绝付款理由，并加盖单位公章，涉及合同的应引证合同上的有关条款；属于商品质量问题，需要提出商品检验部门的检验证明；属于商品数量问题，需要提出数量问题的证明及其有关数量的记录；属于外贸部门进口商品，应当提出国家商品检验或运输等部门出具的证明，一并送交开户银行。

(3)开户银行审查拒付理由。开户银行应认真审查拒绝付款理由，查验合同。经审查认为拒付理由成立，同意拒付的，在“拒绝承付理由书”上签署意见，在第一联“拒绝承付理由书”加盖业务用公章作为回单(完全拒付)或支款通知(部分拒付)退给付款单位。同时将“拒绝承付理由书”连同有关证明材料、托收凭证、交易单证(全部拒付)及拒付商品清单(部分拒付)等寄还收款单位开户银行通知收款单位。

(4)付款单位拒付的处理规定如下：

① 按照规定，付款单位不得无理由拒付。对于购货企业提出拒绝付款的手续不全、依据不足、理由不符合规定和不属于拒付款情况的，以及超过承付期拒付和应当部分拒付提出全部拒付的，银行均不受理，并实行强制扣款，将款项划给收款单位，并对其处以2 000~5 000元罚款。

② 付款单位自提自运商品的，不得拒付，因为收款单位在自提自运商品时对商品的品种、规格、质量、数量等已经当面验收。

③ 付款单位收到银行盖章退回的“拒绝承付理由书”后，如果是全部拒付的，由于没有引起其资金的增减变动，因而无须进行会计处理，只需将“拒绝承付理由书”妥善保管，并在“托收承付付款登记簿”中对拒付情况加以登记。如果在拒付时，收款单位发出的商品、物资已经收到，应在“代管物资登记簿”中对收到的物资进行详细登记。

④ 付款单位拒付后，对收到的收款单位发来的商品、物资应负责妥善保管，不能动用。银行如果发现付款单位动用收款单位的商品、物资，有权将款项从账户中转划给收款单位，并从承付期满之日起，扣计逾期付款滞纳金。

三、收款单位被拒付的处理

(1)收款单位收到其开户银行转来的付款单位的拒付通知后，应认真对照合同条款，看对方提出的拒付理由能否成立，如属于对方无理拒付，可向开户银行申请重办托收，填写“重办托收理由书”，将其中三联、经济合同和有关证据、退回的原托收凭证及交易单证，一并送交开户银行，经银行审查确属无理拒付的，可以重办托收。

(2)如果是由于办理托收时所填写的付款单位地址、开户银行有误或者账号不符、单据不全等原因等被对方退回的，收款单位进行更正后，也可以向银行申请重办托收。

(3)如果是由于付款单位变更名称、账号等又不通知收款单位而影响结算的，其责任由付款单位负责。

(4)如果是由于银行工作上的差错造成付款单位拒付的，应由银行负责。

(5)如果确实是由于本单位发货错误或者产品质量不符合合同要求等造成对方拒付的，应及时与付款单位取得联系，协商解决办法。

(6)如果经过协商由付款方退回所购货物的，财务部门应编制转账凭证，冲销退回货物已入账的销售收入。

(7)如果经过协商，由收款单位给予付款单位一定的销售折扣，则可以重新办理托收承付手续，或采用其他结算方式结算。

做中学实训

[实训一]单项选择题

1. 商业汇票按照(　　)的不同，可以分为商业承兑汇票和银行承兑汇票。
   A. 付款人　B. 承兑人　C. 收款人　D. 票据持有人
2. 银行汇票的付款期限为自出票日起(　　)。
   A. 15天　B. 1个月　C. 2个月　D. 3个月
3. 商业汇票的付款期限由交易双方商定，最长不得超过(　　)。
   A. 3个月　B. 6个月　C. 9个月　D. 1年
4. 在下列支付方式中，通过“其他货币资金”账户核算的是(　　)。
   A. 银行本票　B. 支票　C. 商业承兑汇票　D. 银行承兑汇票
5. 一般企业托收承付结算方式的金额起点为每笔(　　)。
   A. 1万元　B. 2万元　C. 5万元　D. 10万元
6. 按照国家《银行账户管理办法》的规定，企业的工资、奖金等现金的支付，只能通过(　　)办理。
   A. 一般存款账户　B. 临时存款账户　C. 基本存款账户　D. 专用存款账户
7. 下列可以采用商业汇票方式结算的是(　　)。
   A. 法人之间真实的交易　B. 个人之间真实的交易
   C. 法人之间的商品交易　D. 个人之间的商品交易
8. 除中国人民银行另有规定外，支票的提示付款期限一般为自出票日起(　　)。
   A. 7天　B. 10天　C. 15天　D. 20天
9. 仅适用于企业之间签订购销合同的商品交易，以及由于商品交易而发生的劳务供应转账结算方式是(　　)。
   A. 银行汇票　B. 商品汇票　C. 委托收款　D. 托收承付
10. 企业汇往采购地银行，开立采购专户的款项属于(　　)。
    A. 外埠存款　B. 在途货币资金　C. 银行汇票存款　D. 信用证存款

[实训二]多项选择题

1. 下列不通过“银行存款”账目进行核算的有(　　)。
   A. 外埠存款　B. 银行本票存款　C. 银行汇票存款　D. 商业汇票存款

2. 银行存款账户包括(　　)。

A. 基本存款户　B. 一般存款户　C. 专用存款户　D. 特殊存款户

3. 根据《银行结算办法》的规定，下列结算方式中的(　　)可用于同城结算。

A. 支票　B. 银行汇票　C. 委托收款　D. 银行本票

4. 出票人签发空头支票，则(　　)。

A. 银行应予以退票

B. 银行应按票面金额处以3%但不低于1000元的罚款

C. 持票人有权要求出票人赔偿支票金额2%的赔偿金

D. 对屡次签发的，银行应停止其签发支票

5. 可支取现金的支票有(　　)。

A. 现金支票　B. 转账支票　C. 普通支票　D. 画线支票

6. 委托收款凭证必须记载(　　)。

A. 确定的金额　B. 付款人名称

C. 收款人名称　D. 委托收款凭据名称及附寄单证张数

7. 关于托收承付结算每笔金额起点的说法正确的有(　　)。

A. 新华书店系统金额起点是1 000元

B. 新华书店系统金额起点是3 000元

C. 除新华书店系统外，托收承付的结算起点是每笔10 000元

D. 除新华书店系统外，托收承付的结算起点是每笔100 000元

8. 托收承付结算方式下，关于承付货款的说法正确的有(　　)。

A. 验单付款的承付期为10天

B. 验货付款的承付期为3天

C. 付款人可在承付期内提前向银行表示承付

D. 托收凭证未注明验货付款，经付款人提出合同证明是验货付款的，银行可按验货付款处理

9. 托收承付结算适用于(　　)之间的结算。

A. 国有企业　B. 供销合作社

C. 经营管理较好，并经开户银行同意的城乡集体所有制企业

D. 中外合资企业

10. 汇款人签发汇兑凭证时，必须记载的事项有(　　)。

A. 无条件支付的委托　B. 确定的金额

C. 收款人名称　D. 汇款人名称

E. 不得办理银行转账业务

［实训三］判断题

1. 企业可以根据生产经营的需要，在一家或几家银行开立基本存款账户。(　　)

2. 企业采用“托收承付”结算方式结算的款项，必须是商品交易，以及因商品交易而产生的劳务供应款项，每笔结算的金额起点至少为10 000元。(　　)

3. 出纳员可以同时兼任会计稽核工作。 ( )

4. 商业承兑汇票由购货企业签发，并由购货企业承兑。 ( )

5. 现金支票只能提取现金，转账支票只能办理转账。 ( )

6. 商业汇票的付款期限由出票人签发，但最长不得超过6个月。 ( )

7. 企业采用代销、寄销、赊销的方式销售商品的款项，不得采用托收承付的结算方式结算货款。 ( )

8. 银行汇票是由企业签发的、见票时无条件支付确定的金额给收款人或者持票人的票据。 ( )

9. 企业采用托收承付的结算方式购入材料，若在验货时发现与合同或发货清单不符，即可向银行提出拒付。 ( )

10. 委托收款是收款人委托银行向付款人收取款项的一种结算方式，无论是同城还是异地都可使用。 ( )

[实训四]我来试一试

盛大工厂是一从事产品生产的一般纳税企业，设在××市上海路8号，电话07××-887866××;纳税人登记号：4206068937030××；开户行：工商银行××分理处；账号：183437402738××；厂长：张×；财务科长：杨×；审核员：陈×；记账员：李×；出纳员：蒋×；仓库保管员：柳×。2010年12月盛大工厂发生以下经济业务。

要求：根据经济业务填制相关凭证。

1. 1日，财务科出纳员蒋×开出现金支票1张，从银行提取现金1 500元，以备零用。要求填写现金支票（其存根为记账的依据）。

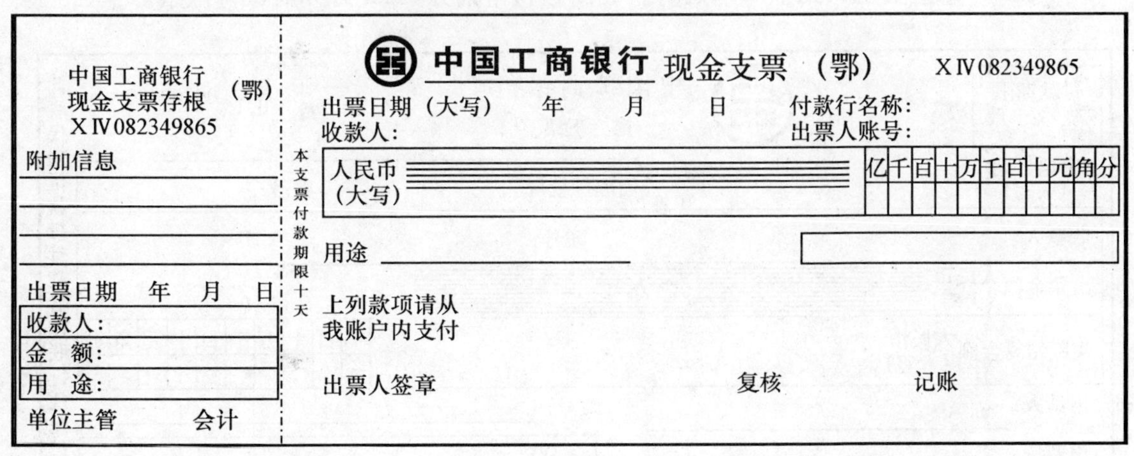

中国工商银行 现金支票存根 (鄂)
XⅣ082349865
附加信息

出票日期 年 月 日
收款人:
金 额:
用 途:
单位主管 会计

本支票付款期限十天

中国工商银行 现金支票 (鄂) XⅣ082349865
出票日期（大写） 年 月 日 付款行名称:
收款人: 出票人账号:

人民币（大写）	亿	千	百	十	万	千	百	十	元	角	分

用途
上列款项请从
我账户内支付
出票人签章 复核 记账

2. 4日，以银行存款支付上月城建税980元，要求填写转账支票(存根作为记账的凭据)。

中国工商银行 转账支票存根 （鄂） XⅣ12256356	本支票付款期限十天	中国工商银行 转账支票 （鄂） XⅣ12256356
附加信息		出票日期（大写） 年 月 日 付款行名称： 收款人： 出票人账号：
		人民币（大写） 亿 千 百 十 万 千 百 十 元 角 分
出票日期 年 月 日		用途
收款人： 金 额： 用 途：		上列款项请从 我账户内支付
单位主管 会计		出票人签章 复核 记账

3. 5 日，向开户银行申请开具银行本票 50 000 元。

付款期限 贰 个 月	中国建设银行 本 票	2 地名 $\frac{E}{0}\frac{B}{3}$ 00000000	此联出票行结清本票时作借方凭证
出票日期（大写） 年 月 日			
收款人：	申请人：		
凭票即付 人民币（大写）			
转账 现金			
备注：	出票行签章	出纳 复核 经办	

4. 8 日，采购员王×到上海采购材料，向银行申请开具 20 万元的银行汇票。

付款期限 壹 个 月	中国工商银行 银行汇票	2 地名 $\frac{B}{0}\frac{A}{1}$ 00000000	此联代理付款行付款后作联行往账借方凭证附件
出票日期（大写） 年 月 日	代理付款行：	账号：	
收款人：	账号：		
出票金额 人民币（大写）			
实际结算金额 人民币（大写）		千 百 十 万 千 百 十 元 角 分	
申请人：	账号：		
出票行： 行号：	密押：		
备 注：	多余金额 千 百 十 万 千 百 十 元 角 分		
凭票付款 出票行签单		复核 记账	

5. 12 日，向红光公司购入甲材料，价税合计 117 000 元。经双方协商，同意采用商业承兑汇票结算货款，期限 3 个月。

商业承兑汇票　2　$\frac{A}{0}\frac{A}{1}$ 00000000

出票日期（大写）　年　月　日

<table>
<tr><td rowspan="3">付款人</td><td>全　称</td><td></td><td rowspan="3">收款人</td><td>全　称</td><td colspan="11"></td></tr>
<tr><td>账　号</td><td></td><td>账　号</td><td colspan="11"></td></tr>
<tr><td>开户银行</td><td></td><td>开户银行</td><td colspan="11"></td></tr>
<tr><td colspan="2" rowspan="2">出票金额</td><td colspan="3" rowspan="2">人民币（大写）</td><td>亿</td><td>千</td><td>百</td><td>十</td><td>万</td><td>千</td><td>百</td><td>十</td><td>元</td><td>角</td><td>分</td></tr>
<tr><td></td><td></td><td></td><td></td><td></td><td></td><td></td><td></td><td></td><td></td><td></td></tr>
<tr><td colspan="2">汇票到期日（大写）</td><td></td><td rowspan="2">付款人开户行</td><td>行号</td><td colspan="11"></td></tr>
<tr><td colspan="2">交易合同号码</td><td></td><td>地址</td><td colspan="11"></td></tr>
<tr><td colspan="4">本汇票已经承兑，到期无条件付票款。
承兑人签章
承兑日期　年　月　日</td><td colspan="12">本汇票请予以承兑于到期日付款。
出票人签章</td></tr>
</table>

此联持票人开户行随托收凭证寄付款人开户行作借方凭证附件

6. 15 日，向长江公司购入乙材料，价税合计 120 万元。经双方协商，同意采用银行承兑汇票结算货款，期限 5 个月。

银行承兑汇票　2　$\frac{C}{0}\frac{A}{1}$ 00000000

出票日期（大写）　年　月　日

<table>
<tr><td>出票人全称</td><td colspan="2"></td><td rowspan="3">收款人</td><td>全　称</td><td colspan="11"></td></tr>
<tr><td>出票人账号</td><td colspan="2"></td><td>账　号</td><td colspan="11"></td></tr>
<tr><td>付款行全称</td><td colspan="2"></td><td>开户银行</td><td colspan="11"></td></tr>
<tr><td rowspan="2">出票金额</td><td colspan="4" rowspan="2">人民币（大写）</td><td>亿</td><td>千</td><td>百</td><td>十</td><td>万</td><td>千</td><td>百</td><td>十</td><td>元</td><td>角</td><td>分</td></tr>
<tr><td></td><td></td><td></td><td></td><td></td><td></td><td></td><td></td><td></td><td></td><td></td></tr>
<tr><td>汇票到期日（大写）</td><td colspan="2"></td><td rowspan="2">付款行</td><td>行号</td><td colspan="11"></td></tr>
<tr><td>承兑协议编号</td><td colspan="2"></td><td>地址</td><td colspan="11"></td></tr>
<tr><td colspan="2" rowspan="2">本汇票请你行承兑，到期无条件付款。
出票人签章</td><td colspan="3">本汇票已经承兑，到期日由本行付款。
承兑行签章
承兑日期　年　月　日</td><td colspan="11" rowspan="2">复核　记账</td></tr>
<tr><td colspan="3">备注：</td></tr>
</table>

此联收款人开户行随托收凭证寄付款行作借方凭证附件

学习情境五 外币业务

◎学习目标

1. 熟知外币业务及其内容；
2. 熟知常用的几种国际货款结算方式及其结算要领；
3. 会登记外币日记账。

项目一　外币业务及种类

任务一　了解外币业务

一、外币业务的概念

外币业务是指企业以记账本位币以外的货币进行款项收付、往来结算和计价的经济业务。记账本位币是指一个企业会计核算时统一使用的记账货币。我国境内设立的企业，其会计核算应以人民币为记账本位币。业务收支以人民币以外的货币为主的企业，可以选定其中一种货币作为记账本位币。企业记账本位币一旦确定，对发生的外币业务除按原币记账外，还应同时按规定将非记账本位币折算为记账本位币记账。

二、汇率及其种类

汇率又称汇价，是指用一种货币单位表示另一种货币单位的价格，它是两种货币之间的比价。

(1)买入汇率，又称外汇买入价，是指银行以人民币买入外币的汇率。

(2)卖出汇率，又称外汇卖出价，是指银行卖出外币收入人民币的汇率。

(3)中间汇率，又称外汇中间价，是以人民币计算的外汇买入价和外汇卖出价的平均价。

(4)市场汇率，是指由中国人民银行公布的市场汇价的中间价。

(5)合同汇率，是指交易双方在合同中约定的进行不同货币折合使用的汇率。

(6)记账汇率，是指企业发生外币经济业务进行会计账务处理所采用的汇率。

(7)账面汇率，是指企业已经登记入账的汇率，它可能是当时的市场汇率，也可能是合同汇率，亦称历史汇率。

(8)现行汇率，是指某一具体时点现行的汇率，即折算外币时的市场汇率。

(9)历史汇率，是指过去某一时点的汇率。历史汇率与现行汇率是相对的，前一交易日的市场汇率相对于当日来说是历史汇率，当日的现行汇率相对于次日来说也是历史汇率。

三、汇率标价与种类

一个国家的外汇汇率，是以外国货币来表示本国货币的价格还是以本国货币来表示外国货币的价格，称为汇率标价。标价方法有两种选择，一种称为直接标价法，另一种称为间接标价法。

(1)直接标价法，也称直接汇率，是以一定数量的外币来表示可兑换多少本国货币的金额作为计价标准的汇率。也就是外币的数额不变，本国货币的数额随着外币或本国货币币值的变化而变动。目前世界上大多数国家，包括我国在内，采用的都是直接标价法，例如：1 美元 =6.50 元人民币，100 港元 =83.0841 元人民币。

(2)间接标价法，也称间接汇率，是以一定数量的本国货币来表示可兑换多少外币的金额作为计价标准的汇率。也就是本国货币的数额不变，外币的数额随着本国货币或外币币值的变化而变动。目前英国是唯一实行间接标价法的国家，例如：1 英镑 =1.88 美元。我国企业的外币业务核算应以中间汇率作为入账基础。中间汇率，亦称中间价，是买入汇率与卖出汇率之间的平均汇率。

任务二 了解外币业务的一般规定

(1)记账汇率。是指企业发生外币经济业务进行账务处理时所采用的汇率。企业发生外币业务时，所有与外币业务相关账户的金额，应当采用业务发生当时的汇率折合，也可以采用业务发生当期期初的汇率折合。企业记账汇率一经确定，不得随意改变。与记账汇率相对应的是账面汇率，是企业以往发生的外币业务登记入账时所采用的汇率，即过去的记账汇率。

(2)外币账户的期末折算。期末(月末、季末、年末)各种外币账户的外币余额，应当按照期末汇率折合为记账本位币。按照期末汇率折合为记账本位币金额与原账面记账本位币余额之间的差额，作为汇兑损益。

(3)汇兑损益。是指企业在进行外币业务处理时，由于采用不同的汇率折算或外币汇率变动而引起的外币货币性资产或负债的价值发生变动而产生的损益。主要有两种：一是外汇兑换中所采用的外汇买入价、卖出价与记账汇率不同而产生的，即汇兑损益；二是持有的外币性债权、债务和货币资金，因汇率变动而引起外币性债权、债务和货币资金价值变动而引起的，即折算损益。其中，外币债权和货币资金在汇率上升时，产生汇兑收益；汇率下跌时，产生汇兑损失；外币债务则在汇率上升时产生汇兑损失，汇率下跌时产生汇兑收益。企业汇兑损益，应根据不同情况进行会计处理。

项目二 国际货款结算

任务一 汇票(bill of exchange，draft，bill)

一、汇票的概念

汇票是出票人签发的，委托付款人在见票时或者在指定日期无条件支付确定的金额给收款人或者持票人的票据。出票人(drawer)，即出具汇票的人。在贸易结汇使用汇票的情况下，一般都由出口企业填写。

二、汇票的基本内容

(1)表明“汇票字样”(bill of exchange，draft，bill)；

(2)无条件支付的委托(命令)(pay to)；

(3)确定的金额(the sum of)；

(4)付款人(payer)名称，又称受票人(drawee)，即接受支付命令付款的人，一般是货物买卖业务中的买方或其指定银行；

(5)收款人(payee)名称，又称受款人(drawer)，即受领汇票所规定金额的人，一般是货物买卖业务中的卖方或其指定银行；

(6)出票日期；

(7)出票人签章。

汇票上未记载上述规定事项之一的，汇票无效。

任务二　本票(promissory note)

一、本票的概念

本票是出票人签发的，承诺自己在见票时无条件支付确定的金额给收款人或者持票人的票据。《中华人民共和国票据法》所称的本票，仅指银行本票。本票的当事人可以是出票人、付款人，也可以是收款人。而汇票的当事人有三个：出票人、收款人、受票人。

二、本票的基本内容

(1) 表明“本票”的字样。银行本票上显示“cashier's order”，一般本票上显示“I promise to pay...”；

(2) 无条件支付的承诺(pay to)；

(3) 确定的金额(the sum of)；

(4) 收款人的名称；

(5) 出票日期；

(6) 出票人签章。

另：还可注明付款地和出票地。本票上未记载付款地的，出票人的营业场所为付款地。

任务三　汇付(remittance)

一、汇付的概念

汇付也称汇款，是指付款人主动将款项通过银行汇交收款人的支付方式。货物买卖交易中，资金的流向总是由债务方流向债权方，即由买方转移给卖方。而各种支付方式所使用的票据的传递方向，则可能与资金的流向不完全一致。当票据的传递方向与资金的流向一致时，称为顺汇(to remit)；反之，若票据的传递方向与资金的流向相反，称为逆汇(to draw；to honour draft)。顺汇则意味着买方主动将货款通过银行支付给卖方。汇款业务结算工具的传递方向与资金的流向相同，故属于顺汇，而逆汇则由卖方通过银行凭开立的票据向买方收款。

二、汇付方式的当事人

(1)汇款人(remitter)。汇款人在委托汇出行办理汇款时要填写汇款申请书。这种申请书是汇款人和汇出行之间的一种契约。

(2)汇出行(remitting bank)。汇出行一旦接受申请，就有义务按汇款人在申请书中的指示发出付款委托书，通过其代理行(即汇入行)解付汇款。

(3)汇入行(receiving bank)。又称解付行(paying bank)，汇出行与汇入行之间事先订有代理合同。汇入行按代理合同和付款委托书的规定承担解付汇款的义务。一般银行之间建立代理关系时，均需约定“密押”(test key)与交换“签字样本”(authorized signature specimen)。

(4)收款人(payee)。

三、汇付方式的种类及其业务程序

汇款结算方式，按其所使用的结算工具不同，通常分为电汇、信汇(包括银行邮政信汇)、票汇(包括邮政汇票、旅行社汇票和旅行支票等)三种。

(1)电汇(Telegraphic Transfer, T/T)。电汇是应汇款人的申请，由汇出行拍发加押电报或电传给其在国外的分行或代理行(即汇入行，亦称解付行)，指示其解付一定金额给收款人的一种结算方式。电汇的特点是交款迅速，费用较高。

(2)信汇(Mail Transfer, M/T)。信汇是应汇款人的申请，由汇出行将信汇委托书或支付委托书邮寄给汇入行，授权其解付一定金额给收款人的一种汇款方式。信汇的特点是费用低廉，时间长。

(3)票汇(Remittance by Banker's Demand Draft, D/D)。票汇指汇出行应汇款人的申请，代汇款人开立以其分行或代理行作为解付行的银行即期汇票，列明收款人的名称、汇款金额等，交由汇款人自行寄送给收款人或亲自携带出国，以凭票取款的一种汇款方式。

任务四　托收

一、托收的概念

托收是指卖方在按买卖合同发运货物后，开具以买方为付款人的汇票，连同全套货运单据，委托出口地银行通过它在进口地的分行或代理行，向买方收取货款的一种支付方式。可见托收实际上是出口人委托银行向进口人收款的一种方法。在托收业务中，票据的传递方向是由卖方通过银行传到买方，与资金的流向相反，故属于逆汇。因托收一般都通过银行代理，所以又称为银行托收。

二、托收的种类

(1)光票托收，指金融单据不附带商业单据的托收，即仅把金融单据委托银行代为收款。票汇业务中的票据托收即为光票托收。

金融单据，又称资金单据，是指汇票、本票、支票、付款收据或其他类似的用于取得款项支付的凭证。

商业单据，指发票、运输单据、所有权凭证或其他类似的单据或其他“非金融”方面的单据，如保险单据等。

(2)跟单托收，是指金融单据附带商业单据或不用金融单据的商业单据的托收。跟单托收按交付货运单据条件的不同，分为付款交单和承兑交单两种。

付款交单(Documents against Payment，D/P)：卖方的交单须以买方的付款为条件，即出口人将汇票连同货运单据交给银行托收时，指示银行只有在进口人付清货款时才能交出货运单据。按支付时间的不同分为即期付款交单(D/P at sight)和远期付款交单(D/P after sight)。

承兑交单(Documents against Acceptance，D/A)：指出口人的交单以进口人的承兑为条件，进口人承兑汇票后，即可向银行取得全部货运单据，待汇票到期日才付款。承兑交单只适用于远期汇票的托收。

任务五　信用证(Letter of Credit，L/C)

一、信用证的概念

信用证是银行开立的有条件承诺付款的书面文件，即(开证行)根据买方(开证申请人)的请求，或自己主动向卖方(受益人)开立的一定金额的，并在一定期限内凭受益人提交符合信用证内所规定的单证，承诺付款的书面文件。

二、信用证的种类

(1)根据付款凭证的不同可分为跟单信用证和光票信用证。跟单信用证(documentary credit)是指凭跟单汇票或仅凭单据付款、承兑或议付的信用证。光票信用证(clean credit)是指开证行仅凭受益人开具的汇票或简单收据而无须附带货运单据付款的信用证。

(2)根据开证银行的保证性质不同可分为可撤销信用证和不可撤销信用证(信用证上没有注明是否可撤销，视作不可撤销)。可撤销信用证(revocable credit)是指开证行在付款、承兑或被议付以前，可以不经过受益人同意也不必事先通知受益人就可随时修改或取消的信用证。不可撤销信用证(irrevocable credit)是指信用证一经通知受益人，在有效期内未经受益人及有关当事人包括开证行、保兑行(如果有的话)的同意，既不能修改也不能取消的信用证。

(3)根据是否有另一家银行参加负责保证兑付可分为保兑信用证和非保兑信用证。保兑信用证(confirmed L/C)是指另一家银行，即保兑行(confirming bank)应开证行的请求，对其所开信用证加以保证兑付的信用证。保兑行的付款或议付行为是无追索权的付款或议付行为。保兑行对信用证的责任相当于本身开证，无论开证行发生什么变化，在信用证的有效期内都不能撤销保兑行保兑的行为。非保兑信用证(unconfirmed L/C)是指未经除开证行以外的其他银行保兑的信用证，即一般的不可撤销信用证。

(4)按付款方式的不同可分为即期付款信用证、延期付款信用证、承兑信用证和议付信用证。即期付款信用证(sight payment L/C)是指规定受益人开立即期汇票或不需要汇票仅凭单据即可向指定银行提示，请求付款的信用证。延期付款信用证(deferred payment L/C)又称迟期付款信用证，或称无承兑远期信用证，是指仅凭受益人提交的单据，经审核单证相符，指定银行承担延期付款责任起，延长一段时间至付款到期日付款的信用证。延期付款信用证不能贴现，因为这种信用证不使用汇票，不作承兑。承兑信用证(acceptance L/C)是指付款行在收到符合信用证规定的远期汇票和单据时，先在汇票上履行承兑手续，汇票到期再履行付款手续的信用证。

(5)按付款时间的不同可分为即期信用证和远期信用证。即期信用证(sight L/C)是指开证银行或其指定的付款行在收到符合信用证条款的汇票或单据时即予付款的信用证。远期信用证(time L/C；usance L/C)是指开证行或其指定的付款银行在收到符合信用证条款的汇票或单据后，在规定的期限内保证付款的信用证。假远期信用证(usance credit payable at sight)又称买方远期信用证(buyer's usance L/C)，这种信用证要求受益人开立远期汇票，远期汇票可按即期议付，所有贴现和承兑费用由买方负担。使用这种信用证，对受益人来说，能够即期十足收款，但要承担一般承兑信用证汇票到期遭到拒付时被追索的风险。

(6)按受益人是否有权转让给其他人使用可分为可转让信用证和不可转让信用证(没有注明是否可转让，视作不可转让)。可转让信用证(transferable L/C)是指受益人(第一受益人)有权将信用证的全部或部分金额转让给第三者(即第二受益人)使用的信用证。可转让信用证只可转让一次，但可一次转让给多个第二受益人。同时，第二受益人可将信用证重新转让给第一受益人。不可转让信用证(untransferable L/C)是指受益人无权将其转让给他人使用的信用证。

(7)循环信用证(revolving L/C)是指受益人在一定时间内利用规定金额后，能够重新恢复信用证原金额并再度使用，周而复始，直至达到该证规定次数或累计总金额用完为止的信用证。

(8)当地信用证(local L/C)又称本地信用证，是指开证人、开证行与受益人都在同一国家的信用证。当地信用证的基本做法与对背信用证相同，在信用证不可转让时或为了防止信用证的受让人获悉原开证人(原进口商)的信息时开立。若受让人的营业地在本国，则可开立当地信用证；若受让人在国外，则可开立对背信用证。

三、信用证的当事人

信用证的基本当事人包括：开证申请人(applicant，opener)、开证行(opening bank，issuing bank)、受益人(beneficiary)。

(1)开证申请人(applicant)，又称开证人(opener)，指向银行申请开立信用证的人。一般为进出口业务的买方。有时也可能由银行自己主动开证，即为其自身开证，此时则没有开证申请人。

(2)开证银行(opening bank；issuing bank)，也称开证行，指接受开证人委托或为其本身开立信用证的银行，一般为进口地银行。开出信用证后，即承担保证付款的责任。

(3)受益人(beneficiary)，指信用证上所指定的有权使用该证的人，一般为进出口业务的卖方。受益人通常也是信用证的收件人(addressee)，他有按信用证规定签发汇票向指定的付款银行索取价款的权利，但也在法律上以汇票出票人的地位对其后的持票人负有担保该汇票必获承兑或付款的责任。

(4)通知行(advising bank，notifying bank)，指接受开证行的委托，将信用证通知受益人的银行。一般为出口地银行，且通常是开证行的代理行或分行。通知行只证明信用证的真实性，无其他义务。

(5)议付行(negotiating bank)，又称押汇银行，是指愿意买入或贴现受益人交来跟单汇票的银行。议付银行可以是由开证银行在信用证条款中指定的银行，也可以是非指定的银行。议付行对付款有追索权。

(6)付款银行(paying bank，drawee bank)，指信用证上指定的付款银行。一般为开证行，但有时也可能是受开证行委托代为付款的另一家银行。付款银行通常是汇票的受票人，故也称受票行(drawee bank)。付款行如同一般的汇票受票人，一经付款，即使事后发现有误，对受款人也无追索权。

(7)偿付行(reimbursing bank)，也称清算银行(clearing bank)，是指受开证行的指示或授权，对有关代付行或议付行的索偿予以照付的银行。此偿付不为终局性付款，因为偿付行并不审查单据、不负单证不符之责。开证行在见单后发现单证不符时，可直接向寄单的议付行、代付行追回已付讫的款项。

(8)保兑行(confirming bank)，是指应开证行请求在信用证上加具保兑的银行，它具有与开证行相同的责任和地位。付款或议付后无追索权。

(9)承兑行(accepting bank)，对承兑信用证项下的单据，经审核确认与信用证规定相符时，在汇票正面签字承诺到期付款的银行。

(10)转让行(transferring bank)，是指应受益人的委托，将可转让信用证转让给信用证的受让人(即第二受益人)的银行。

(11)受让人(transferee)，也称第二受益人(second beneficiary)，在可转让信用证条件下，受益人有权将信用证总金额的全部或一部分转让另一出口人使用，该出口人即为受让人。

四、信用证的内容

(1)总的方面的说明：如信用证的编号(letter of credit No.)、开证日期、到期日、到期地点、交单期限等。

(2)兑付方式：即期付款、远期付款、延期付款、承兑、议付。

(3)信用证的种类。

(4)信用证的当事人：开证人、开证行、受益人、通知行、付款行、偿付行、承兑行、议付行。

(5)汇票条款：包括汇票的种类、出票人、受票人、付款期限、出票条款及付款日期等。凡不需汇票的信用证无此内容。

(6)货物条款：包括货物的名称、规格、数量、包装、价格。

(7)支付货币和信用证金额：币别、总额。

(8)装运与保险条款。

(9)单据条款。

(10)特殊条款。

五、信用证的收付程序

信用证的支付程序一般包括：订立合同、申请开证、开立信用证、通知信用证、审证、改证、交单议付等环节。图5-1为即期不可撤销跟单信用证收付程序示意图。

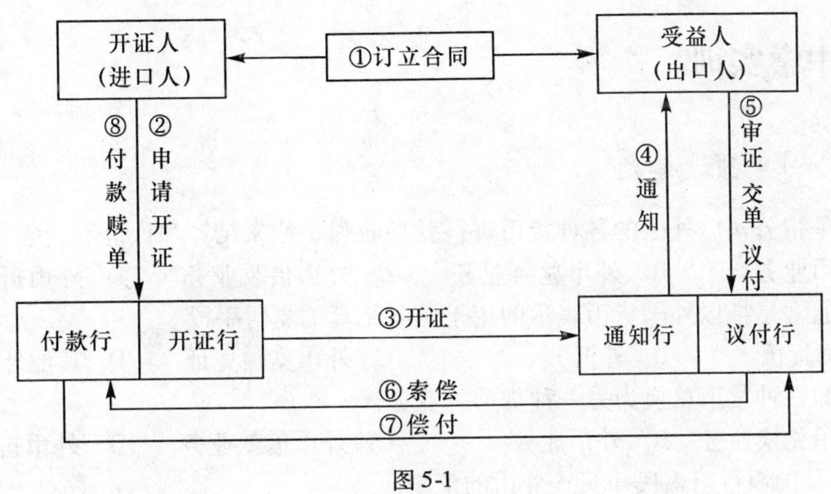

图 5-1

项目三　外币业务的登记

任务一　了解外币账户设置

企业核算外币业务时，应设置相应的外币账户。外币账户包括外币现金、外币银行存款以及用外币结算的债权和债务账户。不允许开立现汇账户的企业，可以设置除外币现金和外币银行存款以外的其他外币账户。外币账户应当分币设置、分别登记。

任务二　了解外币账户登记

外币账户应在记账本位币所设立的总分类账户下，要按不同币种设立明细账进行明细核算。外币账户采用“三栏复币式”记载，即登记外币金额、汇率和记账本位币金额。

【例 5-1】　出纳人员根据审核无误的会计凭证登记某月银行存款（美元户）日记账，见表 5-1，其月末汇率为 1 美元 = 6.50 元人民币。

表 5-1　　银行存款　（美元户）日记账　　单位：元

日期		摘要	借方			贷方			余额		
			原币	汇率	人民币	原币	汇率	人民币	原币	汇率	人民币
		月初余额							500 000	6.55	3 275 000
		销售产品	200 000	6.60	1 320 000				700 000		4 595 000
		归还贷款				400 000	6.65	2 660 000	300 000		1 935 000
		买入美元	300 000	6.75	2 025 000				600 000		3 960 000
		月末折算						60 000	600 000	6.50	3 900 000
		本月合计	500 000		3 345 000	400 000		2 720 000	600 000	6.50	3 900 000

做中学实训

[实训一]单项选择题

1. (　　)是指公司以外国的各种货币进行款项收付、往来结算和计价等业务。
   A. 外币业务　　B. 外币兑换业务　　C. 外币借款业务　　D. 外币折算业务
2. (　　)通常是指以外国货币表示的用于国际结算的支付手段。
   A. 外国货币　　B. 外汇　　C. 外币支付凭证　　D. 其他外汇资金
3. (　　)即一种货币兑换为另一种货币的业务。
   A. 外币兑换业务　　B. 外币业务　　C. 外币借款业务　　D. 外币折算业务
4. (　　) 是指银行以人民币买入外币的汇率。
   A. 买入汇率　　B. 卖出汇率　　C. 市场汇率　　D. 合同汇率
5. (　　)是用一定单位的外国货币为标准来计算折合若干单位的本国货币。
   A. 直接标价法　　B. 间接标价法　　C. 历史汇率　　D. 现行汇率

[实训二]多项选择题

1. 汇率标价的方法有(　　)几种。
   A. 直接标价法　　B. 间接标价法　　C. 汇率标价　　D. 外汇市场
2. 汇率通常有(　　)几种。
   A. 卖出汇率　　B. 买入汇率　　C. 中间汇率　　D. 市场汇率
3. 涉及外币的经济业务主要有(　　)几种类型。
   A. 外币兑换业务　　B. 外币借款业务　　C. 外币交易业务　　D. 外币折算业务
4. 外币兑换中发生的汇兑损益计入(　　)。
   A. 财务费用　　B. 资本公积　　C. 固定资产价值　　D. 长期待摊费用
5. 企业筹建期间发生的不构成固定资产价值的汇兑损益计入(　　)。
   A. 财务费用　　B. 资本公积　　C. 固定资产价值　　D. 长期待摊费用

[实训三]我来试一试

根据下列经济业务登记某月银行存款(美元户)日记账。

1. 乙股份有限公司外币业务采用业务发生时的市场汇率折算。本期将 50 000 美元到银行兑换为人民币，银行当日的美元买入价为 1 美元 =6. 25 元人民币，当日市场汇率为 1 美元 =6. 35 元人民币。

2. 甲股份有限公司外币业务采用业务发生时的市场汇率折算。本期因外币支付需要，从银行购入 10 000 美元，银行当日的美元卖价为 1 美元 =6. 40 元人民币，当日市场汇率为 1 美元 =6. 30 元人民币。

3. 乙股份有限公司外币业务采用业务发生时的市场汇率折算。本期从境外购入不需要安装的设备一台，设备价款为 250 000 美元，购入该设备时市场汇率为 1 美元 =6. 35 元人民币，款项尚未支付。

4. 甲股份有限公司属于增值税一般纳税企业，其外币业务采用业务发生时的市场汇率折算。本期从美国购入某种工业原料500吨，每吨价格为4 000美元，当日的市场汇率为1美元=6.30元人民币，进口关税为1 660 000元人民币，支付进口增值税3 104 200元人民币，货款尚未支付，进口关税及增值税由银行存款支付。

5. 甲股份有限公司外币业务采用业务发生时的市场汇率折算。本期出口销售商品12 000件，销售合同规定的销售价格为每件250美元，当日的市场汇率为1美元=6.25元人民币。假设不考虑相关税费，货款尚未收到。

6. 乙股份有限公司外币业务采用业务发生时的市场汇率折算。本期从中国银行借入港币1 500 000元，期限为6个月，借入的外币暂存银行。借入时的市场汇率为1美元=6.30元人民币。假如6个月后，乙股份有限公司按期向中国银行归还借入的港币1 500 000元。归还借款时的市场汇率为1美元=6.20元人民币。

银行存款　(美元户)日记账

日期		摘要	借方			贷方			余额		
			原币	汇率	人民币	原币	汇率	人民币	原币	汇率	人民币

学习情境六
出纳岗位实训

◎学习目标

1. 会按会计法的要求填制常见原始凭证；

2. 会按会计法的要求登记日记账和编制银行存款余额调节表。

项目一　填制常用原始单据

一、企业概况

公司名称：A 实业有限公司　　　　法人代表：石×

公司地址：武汉市汉江路 5 号　　　公司电话：027-39999××

公司类型：有限责任公司

纳税人识别号：4206067068829××

开户银行：工商银行××支行　　　账号：1879730809101××

会计制度：公司执行企业会计制度，购进存货按实际成本计价，发出存货采用月末加权平均单价计价。

税费比例：公司为增值税一般纳税人，城市维护建设税税率 7%，教育费附加 3%，堤防费率 2%，地方教育费附加率 2%。公司按人平基数 1450 元的 28%（其中单位 20%，个人 8%）及人平基数 1450 元的 9%（其中单位 6%，个人 3%）向社会保险机构交纳职工养老和医疗保险金。

二、岗位设置

会计主管：张×；记账：宋×；出纳：王×；仓库保管员：陈×；成品库保管员：黄×。

三、实训任务

2011 年 3 月 A 实业有限公司发生下列经济业务：

1. 5 日公司业务员毛×从武汉至深圳出差洽谈业务，借支差旅费 4 000 元，经部门主管张×审查批准，会计宋×复核，出纳王×开具现金支票一张交给毛×到银行提取现金。请填制“现金支票”和“借支单”各一份。

中国工商银行 现金支票存根（鄂） XⅣ982312334	中国工商银行 现金支票（鄂）　XⅣ982312334
附加信息	出票日期（大写）　年　月　日　付款行名称： 收款人：　出票人账号：
	本支票付款期限十天　人民币（大写）　亿 千 百 十 万 千 百 十 元 角 分
	用途
出票日期　年　月　日	上列款项请从
收款人：	我账户内支付
金　额：	出票人签章　复核　记账
用　途：	
单位主管　会计	

借　支　单

年　月　日　　部门：

借支人姓名		职　务				
借支事由						
人民币（大写）				¥		
核准		会计		出纳		借支人

2. 7日销售给深圳B股份公司（纳税人识别号：4407086882984××，地址：深圳市××大道38号，电话：0755-89868××，开户银行：工行××支行，账号：2128734308121××）棉布120 000米，单价8.50元/米，价款1 020 000元，增值税税率17%，销项税额173 400元，款项1 193 400元，通过银行已收到。要求：填制“增值税专用发票”、“出库通知单”和“银行收款通知”各一份。

湖北增值税专用发票

4200061620　　全国统一发票监制章 湖北 国家税务总局监制　　№ 01858297

发　票　联

开 票 日 期：

购货单位	名　　称： 纳税人识别号： 地　址、电　话： 开户行及账号：			密码区			
货物或应税劳务名称	规格型号	单位	数量	单价	金　额	税率	税　额
合　　计：							
价税合计（大写）					（小写）		
销货单位	名　　称： 纳税人识别号： 地　址、电　话： 开户行及账号：			备注			

第一联：记账联　销货方记账凭证

收款人：　复核：　开票人：　销货单位：（章）

出库通知单

№ 0038426

收货单位：　　　　　　　　　　　　年　月　日　　字第　号附单据　张

编号	名称	规格	单位	应发数量	实发数量	单价	金额									附注
							百	十	万	千	百	十	元	角	分	

第一联：财务记账

会计　　仓库主管　　保管　　经手　　采购

中国工商银行收款通知

日期：　年　月　日

汇款人	全称		收款人	全称	
	账号			账号	
	汇出地			汇入地	
金额	人民币(大写)：		¥		
汇款用途：货款			留行待取预留收款人印鉴		
上列款项已代进账，如有错误，请持此联来面洽。 汇入行盖章	上列款项已照收无误。		科目(借) 对方科目(贷) 汇入行解汇日期　年　月　日 复核　记账　出纳		

3.9日收到上月从河南C棉纺厂购入棉纱10吨，单价40 000元/吨，增值税税率17%，签发期限6个月的银行承兑汇票一张支付货款(河南C棉纱厂开户银行：工行××支行，账号：2678953905380××)。要求：填制“收料单”和“银行承兑汇票”各一份。

收料单

(三联式)

请购单号________　　　　　　　　　　№ 0018756

发票号数________　　年　月　日　　字第____号

材料		单位	数量	发票金额									应摊运杂费	实际成本									材料账
编号	名称及规格			单价	金额									单价	金额								
					十	万	千	百	十	元	角	分			十	万	千	百	十	元	角	分	

第二联：财务部门

核准　　会计　　记账　　保管　　供应　　验收

银行承兑汇票　3

C A
0 1　34899548

出票日期（大写）　年　月　日

出票人全称		收款人	全　称	
出票人账号			账　号	
付款行全称			开户银行	
出票金额	人民币（大写）			亿 千 百 十 万 千 百 十 元 角 分
汇票到期日（大写）		付款行	行号	
承兑协议编号			地址	
		备注：		

此联由出票人存查

4. 11 日毛×从深圳出差归来，报销车船费 1 165 元（其中，5 日武汉至深圳的车票 580 元，10 日深圳至武汉的车票 585 元，来回途中各 2 天）、市内交通费 535 元，住宿费 1 000 元（住宿 4 天），出差补助 560 元（80 元/日），其他费用 240 元，余款 500 元退回。请填制“差旅费报销单”和“收款收据”各一份。

差旅费报销单

年　月　日

出差人：						事由：								
起止时间及地点						交通费			出差补贴					其他	
月	日	起点	月	日	终点	交通工具	单据张数	金额	项目	人数	天数	补贴标准	金额	项目	金额
														住宿费	
合计（大写）								¥			预支差旅费			退回金额 / 补领金额	

附单据　张

湖北省武汉市统一收款收据

发票代码 152060888736
发票号码 00781160

记账联　　年　月　日

今收到＿＿＿＿＿＿＿＿　交来＿＿＿＿＿＿＿＿

人民币＿＿＿＿＿＿＿＿　¥＿＿＿＿＿＿＿＿

系　付＿＿＿＿＿＿＿＿

单位盖章：　会计：　出纳：　经手人：

③开票方记账原始凭证

5. 12 日签发转账支票一张，支付 2 月增值税 35 000 元(税收通用缴款书预算科目编码 1010103，名称：股份制企业增值税，级次：中央 75% 省 8% 县区 17%，收缴国库和开户银行：工行××支行，收款人全称：××国税局，账号：1824507810101××)。要求：填制“转账支票”、“银行进账单”和“税务通用缴款书”各一份。

中国工商银行 转账支票存根 (鄂) XⅣ01293568	中国工商银行 转账支票 (鄂) XⅣ01293568
附加信息	出票日期（大写） 年 月 日 付款行名称:
	收款人: 出票人账号:
	本支票付款期限十天 人民币（大写） 亿 千 百 十 万 千 百 十 元 角 分
	用途
出票日期 年 月 日	上列款项请从我账户内支付
收款人:	出票人签章 复核 记账
金 额:	
用 途:	
单位主管 会计	

工商银行进 账 单(回 单) 1

年 月 日 第 号

出票人	全 称		收款人	全 称	
	账 号			账 号	
	开户银行			开户银行	
人民币（大写）			千 百 十 万 千 百 十 元 角 分		
票据种类					
票据张数					
单位主管 会计 复核 记账			出票人开户行盖章		

此联是出票人开户银行交给出票人的回单

中华人民共和国税收通用缴款书

全国统一票据监制章 税款票证监制章

国

隶属关系：　　　　　　　　　　　　(200803) 鄂地缴电：　No 01222012

注册类型：　　　　　　填发日期：　　　　　　征收机关：

无银行收讫章无效

缴款单位(人)	代码		预算科目	编码	
	全称			名称	
	开户银行			级次	
	账号		收缴国库		

税款所属时期			税款限缴日期		
品目名称	课税数量	计税金额或销售收入	税率或单位税额	已缴或扣除额	实缴金额
金额合计	(大写)				¥

缴款单位（人）（盖章）经办人（章）	税务机关（盖章）填票人（章）	上列款项已收妥并划转收款单位账户 国库（银行）盖章	备注	

逾期不缴按税法规定加收滞纳金。

第一联(收据)国库(银行)收款盖章后退缴款单位(人)作完税凭证

6. 14日签发电汇凭证支付前欠湖北D棉织厂(开户银行：工行××支行，账号1924368093382××)货款400 000元。要求：填制“电汇凭证”一份。

电汇凭证

币别：　　　　　　　　　　年　月　日　　流水号：

汇款方式		□普通　□加急			
汇款人	全称		收款人	全称	
	账号			账号	
	汇出行名称			汇入行名称	

金额	(大写)	亿	千	百	十	万	千	百	十	元	角	分

	支付密码
	附加信息及用途：

第一联　客户回单

7. 15 日从武汉国税局以现金购买增值税专用发票 2 本，金额 60 元。要求：填制“行政性收费专用收据”一份。

国家税务局系统
行政性收费专用收据

国财 03401　　No：0754705664

填发日期：　　年　　月　　日　　征收机关：

纳税人识别号		交款单位（人）		
项目		单价	数量	金额
金额合计（大写）				
税务机关 （盖章）	填票人 （章）	备注：		

第一联（收据）交款单位（人）作交费凭证

8. 16 日从银行购买转账支票一本（25 张），工本费 5 元，手续费 15 元，合计 20 元，以转账支付，转账支票出售起号 1056192030404226。要求：填制“银行业务收费凭证”一份。

业务收费凭证

币种　　年　月　日　　流水号：

付款人			账号		
项目名称	工本费	手续费	电子汇划费		金额
金额（大写）					
付款方式					
业务类型		凭证种类		出售张数	
出售起号					

第二联　客户回单

会计主管　　授权　　复核　　录入

9．18日向个体户张某销售废棉纱300千克，收到现金351元，并由出纳将货款缴存银行。要求：开具"增值税普通发票"一份和填制"现金交款单"一份。

湖北省增值税普通发票

全国统一发票监制章 湖北省 国家税务总局监制

发票联

发票代码 1420608235003

发票号码 00557477

客户名称： 年 月 日

品号及规格	货物或劳务名称	单位	数量	单价	金额				
					百	十	元	角	分
合计（大写）	佰 拾 元 角 分 ￥								

②付款方报销凭证

单位：（盖章） 开票人： 收款人：

工商银行现金交款单

币别： 年 月 日

交款人		收款单位											
款项来源		账号		开户银行									
大写金额	（币种）	十	亿	千	百	十	万	千	百	十	元	角	分

券别	壹佰元	伍拾元	贰拾元	拾元	伍元	贰元	壹元	伍角	贰角	壹角	伍分	贰分	壹分	合计金额	
整把券															收款银行盖章 年 月 日
零张券															

第一联：银行盖章后退交款人

客户须知：1．提交本凭条前，请客户确认填写内容完整、无误。

2．客户保证所交款项来源合法。

复核： 经办：

10．21日支付2月21日至3月20日贷款利息5 325元（工行××支行贷款1 000 000元，年利率6.39%）。要求：填制"银行贷款回收利息清单"一份。

贷款回收利息清单

币种　　　　　　　　　　　　年　月　日　　流水号：

户名			账号		
计息项目	起息日	结息日	本金/积数	利率	利息
合计(大写)					
根据有关规定或双方约定，上列款项已直接扣划你单位账户，你单位上述账户不足支付时，请另筹措资金支付。					

会计主管　　　　　授权　　　　　复核　　　　　录入

第二联　客户回单

11．24日签发转账支票支付E运输有限公司(识别号420606785643××，开户银行：工行××支行，账号：1845672090900××)武汉至深圳运输棉布运费7 500元(运输棉布6吨,单位运价1元，运输里程1 250千米，主管税务机关及代码：武汉地税局242060710××,发货人和收货人均为A实业有限公司)。要求：填制“公路、内河货物运输业统一发票”和“转账支票”及“银行进账单”各一份。

公路、内河货物运输业统一发票

全国统一发票监制章 湖北省地方税务局监制

发票联

开票日期：　　　　　　　　　　　　　　　　发票代码
　　　　　　　　　　　　　　　　　　　　　发票号码

机打代码 机打号码 机器编号	略	税控码	略		
收货人及纳税人识别号		承运人及纳税人识别号			
发货人及纳税人识别号		主管税务机关及代码			
运输项目及金额		其他项目及金额		备注	
运费小计		其他费用小计			
合计（大写）			（小写）		

承运人盖章　　　　　　　　　　　　　开票人：

第一联　发票联　付款方记账凭证(手写无效)

中国工商银行（鄂）转账支票存根 XⅣ01293569	中国工商银行 转账支票（鄂） XⅣ01293569
附加信息	出票日期（大写） 年 月 日 付款行名称：
	收款人： 出票人账号：
	本支票付款期限十天 人民币（大写） 亿 千 百 十 万 千 百 十 元 角 分
	用途
出票日期 年 月 日	上列款项请从
收款人：	我账户内支付
金 额：	出票人签章 复核 记账
用 途：	
单位主管 会计	

工商银行进 账 单（回 单） 1

年 月 日 第 号

出票人	全 称		收款人	全 称	
	账 号			账 号	
	开户银行			开户银行	
人民币（大写）			千 百 十 万 千 百 十 元 角 分		
票据种类					
票据张数					
单位主管 会计 复核 记账			出票人开户行盖章		

此联是出票人开户银行交给出票人的回单

12. 25日签发现金支票提取现金并发放职工工资薪金。其中：生产工人125人，工资278 000元，加班费16 000元，全勤奖4 000元；车间管理人员6人，工资15 000元；销售人员10人，工资26 000元；行政管理人员12人，工资30 000元，并按工资的8%和3%代扣养老保险和医疗保险。要求：填制“现金支票”和“工资薪金结算汇总表”各一份。

中国工商银行 现金支票存根 (鄂) XⅣ982312335	中国工商银行 现金支票 (鄂) XⅣ982312335
附加信息	出票日期（大写） 年 月 日 付款行名称：
	收款人： 出票人账号：
	本支票付款期限十天 人民币（大写） 亿 千 百 十 万 千 百 十 元 角 分
	用途
出票日期 年 月 日	上列款项请从
收款人：	我账户内支付
金 额：	出票人签章 复核 记账
用 途：	
单位主管 会计	

工资薪金结算汇总表

编制单位： 年 月 日 单位：元

部门	人数	应发工资				代扣款项			实发数
		标准工资（计件）	加班费	全勤奖	合计	养老	医保	合计	

13. 26日签发转账支票一张支付武汉市慈善基金会(开户银行：工行××支行，账号：1845672090988××)捐款2 000元。要求：签发“转账支票”一份，并填制“湖北省行政事业性收费收据”和“银行进账单”各一份。

中国工商银行 转账支票存根 (鄂) XⅣ01293570	中国工商银行 转账支票 (鄂) XⅣ01293570
附加信息	出票日期（大写） 年 月 日 付款行名称：
	收款人： 出票人账号：
	本支票付款期限十天 人民币（大写） 亿 千 百 十 万 千 百 十 元 角 分
	用途
出票日期 年 月 日	上列款项请从
收款人：	我账户内支付
金 额：	出票人签章 复核 记账
用 途：	
单位主管 会计	

湖北省行政事业性收费票据

（印章：财政收据监制章 中央 财政部监制）

交款单位　　　　　　年　　月　　日　　　(2006) No：00224747

收费项目及名称	单位	数量	收费标准	金额 百	十	万	千	百	十	元	角	分
合计金额 人民币（大写）	佰 拾 万 仟 佰 拾 元 角 分											

收款单位（章）　　　　收款人（章）

第二联：收据

工商银行 进账单（回 单）　　1

年　　月　　日　　　　第　　号

出票人	全称		收款人	全称	
	账号			账号	
	开户银行			开户银行	
人民币（大写）			千 百 十 万 千 百 十 元 角 分		
票据种类					
票据张数			出票人开户行盖章		
单位主管　会计　复核　记账					

此联是出票人开户银行交给出票人的回单

14．27日销售给上海F公司（纳税人识别号：2206067855385××，地址：上海××路18号，电话：021-356723××，开户银行：工行××支行，账号：19235647800××）棉布50 000米，单价8.10元，货款405 000元，增值税税率17%。货款已收到存入银行要求：填制“增值税专用发票”、“出库通知单”和“银行收账通知”各一份。

湖北增值税专用发票

4200061620　　（印章：全国统一发票监制章 湖北 国家税务总局监制）　　No 01858298

发票联　　　　开票日期：

购货单位	名称： 纳税人识别号： 地址、电话： 开户行及账号：			密码区			
货物或应税劳务名称	规格型号	单位	数量	单价	金额	税率	税额
合计：							
价税合计（大写）					（小写）		
销货单位	名称： 纳税人识别号： 地址、电话： 开户行及账号：			备注			

收款人：　　复核：　　开票人：　　销货单位：（章）

第三联：发票联　购货方记账凭证

出库通知单

№ 0038427

收货单位：　　　　年　月　日　字第　号附单据　张

编号	名称	规格	单位	应发数量	实发数量	单价	金额									附注
							百	十	万	千	百	十	元	角	分	

第一联：仓库留存

会计　　仓库主管　　保管　　经手　　采购

中国工商银行收款通知

日期：　年　月　日

汇款人	全称		收款人	全称	
	账号			账号	
	汇出地			汇入地	
金额	人民币(大写)：		¥		
汇款用途：货款			留行待取预留收款人印鉴		
上列款项已代进账，如有错误，请持此联来面洽。 汇入行盖章	上列款项已照收无误。		科目(借) 对方科目(贷) 汇入行解汇日期　年　月　日 复核　记账　出纳		

15．31日以银行存款支付××供电公司(纳税人识别号4206067856245××，地址：武汉市××路18号，电话：027-835678××，开户银行：工行××支行，账号：1820034780089××)电费126 000元(其中生产产品耗用190 000千瓦小时，生产车间耗用4 000千瓦小时，销售部门耗用2 000千瓦小时，管理部门耗用4 000千瓦小时)，增值税税率17%。要求：填制“转账支票”、“银行进账单”和“增值税专用发票”各一份。

中国工商银行 转账支票存根 (鄂)
XⅣ01293571

附加信息

出票日期　年　月　日

收款人:
金　额:
用　途:

单位主管　　会计

中国工商银行 转账支票 (鄂)　　XⅣ01293571

出票日期（大写）　年　月　日　　付款行名称:
收款人:　　出票人账号:

本支票付款期限十天

人民币（大写）	亿	千	百	十	万	千	百	十	元	角	分

用途

上列款项请从
我账户内支付
出票人签章　　复核　　记账

工商银行 进 账 单（回　单）　　1

年　月　日　　第　号

出票人	全　称		收款人	全　称	
	账　号			账　号	
	开户银行			开户银行	

人民币（大写）	千	百	十	万	千	百	十	元	角	分

票据种类		
票据张数		

单位主管　　会计　　复核　　记账　　　出票人开户行盖章

此联是出票人开户银行交给出票人的回单

湖北增值税专用发票

4200061620　　（全国统一发票监制章 湖北 国家税务总局监制）　　No 01358279

发票联　　　开票日期:

购货单位	名　称: 纳税人识别号: 地　址、电　话: 开户行及账号:				密码区			
货物或应税劳务名称		规格型号	单位	数量	单价	金　额	税率	税　额
合　计:								
价税合计（大写）						（小写）		
销货单位	名　称: 纳税人识别号: 地　址、电　话: 开户行及账号:				备注			

收款人:　　复核:　　开票人:　　销货单位:（章）

第三联：发票联 购货方记账凭证

16. 31日以银行存款支付武汉市供水公司(纳税人识别号4206067946787××，地址：武汉市××路8号，电话：027-835670××，开户银行：工行××支行，账号：1820534780011××)。水费4 200元(其中生产车间耗用2 000吨，管理部门耗用100吨)，增值税税率6%，要求：填制"转账支票"、"银行进账单"和"增值税专用发票"各一份。

中国工商银行 转账支票存根 (鄂) XⅣ01293572	中国工商银行 转账支票 (鄂) XⅣ01293572
附加信息	出票日期(大写) 年 月 日 付款行名称： 收款人： 出票人账号：
	本支票付款期限十天
	人民币(大写) | 亿 千 百 十 万 千 百 十 元 角 分
	用途
出票日期 年 月 日	上列款项请从 我账户内支付 出票人签章 复核 记账
收款人：	
金 额：	
用 途：	
单位主管 会计	

工商银行 进账单(回 单) 1

年 月 日 第 号

出票人	全 称		收款人	全 称	
	账 号			账 号	
	开户银行			开户银行	

人民币(大写)	千	百	十	万	千	百	十	元	角	分

票据种类		
票据张数		
单位主管 会计 复核 记账		出票人开户行盖章

此联是出票人开户银行交给出票人的回单

湖北增值税专用发票

4200061620　　　　（全国统一发票监制章 湖北 国家税务总局监制）　　　　№ 03958108

发票联

开票日期：

购货单位	名　　称： 纳税人识别号： 地　址、电　话： 开户行及账号：			密码区			
货物或应税劳务名称 合　　计：	规格型号	单位	数量	单价	金　额	税率	税　额
价税合计（大写）					（小写）		
销货单位	名　　称： 纳税人识别号： 地　址、电　话： 开户行及账号：			备注			

收款人：　　复核：　　开票人：　　销货单位：（章）

第三联：发票联 购货方记账凭证

17. 31日公司办公室报销购买打印纸2箱，费用420元，开出现金支票一张补足定额备用金。要求：填制"增值税普通发票"和"现金支票"各一份。

湖北省增值税普通发票

（全国统一发票监制章 湖北省 国家税务总局监制）

发票联

发票代码　142060823603

发票号码　00557497

客户名称：　　年　月　日

品号及规格	货物或劳务名称	单位	数量	单价	金额 百	十	元	角	分
合计（大写）	佰　拾　元　角　分			¥					

单位：（盖章）　　开票人：　　收款人：

②付款方报销凭证

中国工商银行 现金支票存根（鄂） XⅣ982312336 附加信息 出票日期　年　月　日 收款人： 金　额： 用　途： 单位主管　　会计	本支票付款期限十天	中国工商银行　现金支票（鄂）　XⅣ982312336 出票日期(大写)　年　月　日　付款行名称： 收款人：　出票人账号： 人民币（大写）　亿 千 百 十 万 千 百 十 元 角 分 用途 上列款项请从 我账户内支付 出票人签章　　复核　　记账

项目二　登记库存现金日记账和银行存款日记账

A 实业有限公司 2011 年 3 月发生的经济业务同项目一。有关库存现金和银行存款 2011 年 3 月初余额分别为 3 000.00 元和 598 000.00 元。

要求：根据上述资料登记现金日记账和银行存款日记账。

现金日记账

年		凭证		对应科目	摘要	借方											√	贷方											√	借或贷	余额											√
月	日	字	号			亿	千	百	十	万	千	百	十	元	角	分		亿	千	百	十	万	千	百	十	元	角	分			亿	千	百	十	万	千	百	十	元	角	分	
					过次页																																					

开户行：
账　号：

银行存款日记账

年		凭证		支票		摘　要	借　方	√	贷　方	√	借或贷	余　额	√
月	日	字	号	种类	号数		亿千百十万千百十元角分		亿千百十万千百十元角分			亿千百十万千百十元角分	
						过　次　页							

项目三　编制银行存款余额调节表

根据下列资料编制银行存款余额调节表。

(1)项目二登记的银行存款日记账；

(2)A 实业有限公司 2011 年 3 月份银行对账单；

(3)银行已收已付的有关凭证。

中国工商银行对账单

年　月　日

账号：1879730809101××　　　　户名：A实业有限公司

2011年		凭证种类	凭证号数	摘要	借方	贷方	余额	积数
月	日							
3	1						598 000.00	
	5	略	略	略	4 000.00		594 000.00	
	7					1 193 400.00	1 787 400.00	
	12				35 000.00		1 752 400.00	
	14				400 000.00		1 352 400.00	
	16				20.00		1 352 380.00	
	18					351.00	1 352 731.00	
	20				5 325.00		1 347 406.00	
	24				7 500.00		1 339 906.00	
	25				330 610.00		1 009 296.00	
	26				2 000.00		1 007 296.00	
	27					473 850.00	1 481 146.00	
	31				147 420.00		1 333 726.00	
	31				4 452.00		1 329 274.00	
	31				574.00		1 328 700.00	
	31					10 000.00	1 338 700.00	

中国电信　湖北省电信有限公司武汉市分公司收费专用发票

（印章：湖北 地方税务局监制）

发 票 联

发票代码：242060840091
发票号码　01303402

客户名称：A实业有限公司　　　　客户号码：027-39999××
开户银行：工行××支行　　　　银行账号：1879730809101××
计费周期：　　　　合同号：710000002458　　　　填开日期：2011年3月31日

本地通话费574.00	
合计金额（大写）：伍佰柒拾肆元整	¥ 574.00
备注： 客户名称： （印章：湖北省电信有限公司武汉市分公司 发票专用章 420606760670162）	

第二联：发票

收款人：1754028　　　　收款单位：　　　　（收款方盖章有效）

工商银行进 账 单 （回 单） 1

2011年3月31日　　　　第　　号

<table>
<tr><td rowspan="3">出票人</td><td>全　称</td><td>××化工厂</td><td rowspan="3">收款人</td><td>全　称</td><td>A实业有限公司</td></tr>
<tr><td>账　号</td><td>1820567893116××</td><td>账　号</td><td>1879730809101××</td></tr>
<tr><td>开户银行</td><td>工行××支行</td><td>开户银行</td><td>工行××支行</td></tr>
<tr><td colspan="2">人民币（大写）</td><td colspan="2">壹万元整</td><td colspan="2">千 百 十 万 千 百 十 元 角 分
¥ 1 0 0 0 0 0 0</td></tr>
<tr><td colspan="2">票据种类</td><td>转账</td><td colspan="3" rowspan="3">中国工商银行武汉市××支行
2011.03.31
转讫
2

出票人开户行盖章</td></tr>
<tr><td colspan="2">票据张数</td><td>1张</td></tr>
<tr><td colspan="3">单位主管　　会计　　复核　　记账</td></tr>
</table>

此联是出票人开户银行交给出票人的回单

银行存款余额调节表

年　月　日

项　目	金　额	项　目	金　额
银行存款日记账余额		银行对账单余额	
加：银行已收，企业未收		加：企业已收，银行未收	
减：银行已付，企业未付		减：企业已付，银行未付	
调节后余额		调节后余额	

全国高等会计职业教育系列规划教材

会计核算基本技术
会计核算基本技术习题与技能训练
会计核算基本技术综合实训
出纳实务
财务会计实务
财务会计实务习题与技能训练
财务会计分岗实训
财务管理实务
财务管理实务习题与技能训练
成本会计实务
成本会计实务习题与技能训练
纳税实务
纳税实务习题与技能训练
审计实务
审计实务习题与技能训练
会计综合实训
会计信息化实务
Excel在会计中的应用
企业经营模拟
会计法规
行业会计

欢迎广大教师和读者就系列教材的内容、结构、设计以及使用情况等，提出您宝贵的意见、建议和要求，我们将为您提供优质的售后服务。

联系人：柴　艺　　E-mail：charcoalchai@126.com

武汉大学出版社（全国优秀出版社）